わけがわかる中学国語

Gakken

CONTENTS 目次

語

column

文

文化

この本の特長と使い方

　英単語や文法の丸暗記が苦手……。
そんな人でも英語をあきらめる必要はありません。

　この本では, 英語に対する「なぜ?」や疑問点を「語」「文」「文化」の3つの視点で楽しく解説しています。学び進めるにつれて感じる英語の「?」を解決し, 英語に対する理解を深めることができます。

　本書を通じて, 英語が少しでも好きになる中学生が増えたらうれしいです。

編集部

※なお, 本書内の記述には諸説あるものも含まれており, 解説や説明はあくまで一例です。

案内役

エズ先生
頭からテレパシーを出して調べものができる英語の先生。
オムライスが好き。

アッシュ
好奇心旺盛（おうせい）で「なぜ?」を追い求めている。
クイズが好き。

| オモテ面 | ウラ面 |

英語の疑問 —

なるほど度
「なるほど」と思える度合いです。★の数が多いほど雑学的な内容になっています。

— 解答例

— あわせて確認
関連して押さえておきたいポイント

語

【未来を表す言い方のナゾ】

語

Q.01

難易度 ★★　　なるほ度 ★

未来を表す言い方に will と be going to があるのはなぜ？

willとbe going toにはどんな意味の違いがあるのかな？

[willとbe going toの違い]

A. willとbe going toは，違う意味で使われることがあるから。

たとえば，以前から映画を見に行く予定があって，「明日は映画を見ます（←明日は映画を見ることになっています）」と言うときは，be going to を使って，I'm going to see a movie tomorrow. で表す。しかし，話の流れの中で「明日は映画を見ます（←そうだ，明日は映画を見よう）」とその場で決めたようなときは，willを使って，I'll see a movie tomorrow.と言う。

> どちらも未来を表すけれど，willは<u>その場で決めたこと</u>，be going toは<u>すでに決めていた予定</u>を表すんだね。

あわせて確認！ [will, be going toの使い方の違い]

willとbe going toの違いはほかにもありますか？

これから先に起こることとして「明日は雨です」のように，単純に未来のことを（予測して）相手に伝えるときは，willを使って，It <u>will</u> rain tomorrow.と言うのに対し，雲行きが悪くなっている空を見て「まもなく雨が降りそうだ」と言うときは，It's going to rain soon.のようにbe going toを使うよ。
また，「私は来月15歳になります」は，I'll be fifteen years old next month. ともI'm going to be fifteen years old next month.とも言えるけど，will の文は客観的に未来のことを述べているのに対し，be going toの文では「いよいよ15歳になるな」というような感情を込められるよ。

be going toは現在から未来に向かっているイメージなんですか？

するどいね。be going toは，すでに予定されていたり，起こりかけていたり，近い将来に起こりそうなことを言うときに使うんだ。

Q.02

難易度 ★　　　なるほど度 ★ ★ ★

evening =「夕方」ではないってホント?

重なる部分もあるけれど…。

夕方　　　　　　　evening

[eveningの意味]

A. eveningは日没(にちぼつ)から寝るまでの時間を表し，「夕方」と全く同じではない。

日本語の「夕方」は，「日が沈むころ，夕暮れ」を表し，日没ごろから暗くなるまでの時間帯を示す。一方，英語のeveningは，ふつう日没から寝るまでの時間帯を表すため，日本語の「夕方」よりも長い。そのため，eveningは「夕方」以外に「晩」と訳されることもある。

> Good evening.は，太陽が沈んだあとに出会った人と交わす「こんばんは」というあいさつだね。

あわせて確認！ [morning, afternoon, evening, nightの指す時間帯]

morning, afternoon, evening, nightはそれぞれいつのことですか?

右の図を見てもらえるとよくわかるよ。morningは，日の出から正午までを表すよ。昼の12時がnoon（正午）だ。afternoonは, noonのあと（after）なので，正午から日没までを表すよ。eveningは，日没から寝るまでの時間。nightは，日没から翌日の日の出までの時間だ。そして，夜の12時がmidnight（真夜中）だね。

「夕方に」は英語でどう言いますか?

ぴったりした言い方はないけれど，近い表現としてin the (early) eveningやearly in the eveningと言ったり，日没の少し前の午後ということでin the late afternoon（遅い時間帯の午後に）やlate in the afternoonと言ったりするよ。

日の出（sunrise）

morning

12:00 noon

afternoon

日没（sunset）

evening

night

就寝

0:00 midnight

あいさつについても知りたいな。
Good morning.は「おはよう」で, Good afternoon.が「こんにちは」ですよね?

そうだね。morningとafternoonの違いがわかれば簡単だね。Good morning.は, 朝起きてから正午までのあいさつで, Good afternoon.は, 正午から日没までのあいさつになるね。

Good evening.とGood night.の違いは何ですか?

まず, Good evening.は, 夜, 人に会ったときのあいさつで, 日本語の「こんばんは」に当たる。でも, Good night.は, 同じ夜のあいさつでも「おやすみなさい」の意味だね。

Hi.やHello.というあいさつもありますが, これはいつ使えばいいですか?

Hi.やHello.は, 時間に関係なく使えるよ。Hello.は電話で「もしもし」と言うときの言い方でもあるね。

「今夜」や「昨夜」「明日の夜」などの言い方がわからないので, 教えてください。

次のページの表にまとめたので, それを参考にしてほしいな。
基本は, 「昨日の」にはyesterdayを, 「今日の」にはthisを, 「明日の」にはtomorrowを, それぞれmorning, afternoon, eveningの前につければいいんだよ。
ただし, nightだけが少し違っていて, 「昨夜」はlast night, 「今夜」はtonightと言うんだね。「昨夜」をyesterday nightと言ったり, 「今夜」をthis nightと言ったりはしないんだ。

なるほど。nightは例外なんですね。よくわかりました。

あいさつ

Good morning. / Hi. / Hello.	おはようございます。
Good afternoon. / Hi. / Hello.	こんにちは。
Good evening. / Hi. / Hello.	こんばんは。
Good night.	おやすみなさい。

昨日，今日，明日に関わる表現

昨日	昨日の朝	yesterday morning
	昨日の午後	yesterday afternoon
	昨日の夜	yesterday evening / last night
今日	今朝	this morning
	今日の午後	this afternoon
	今夜	this evening / tonight
明日	明日の朝	tomorrow morning
	明日の午後	tomorrow afternoon
	明日の夜	tomorrow night

Q. 03

難易度 ★   なるほ度 ★

人の名前や地名などが
大文字で始まるのは
なぜ？

頭文字を大文字にするのは，主に人の名前，
地名（Tokyo），国名（Japan）などだね。

Ezu

A. 人の名前や地名は固有名詞とよばれ，固有名詞は基本大文字で始めるから。

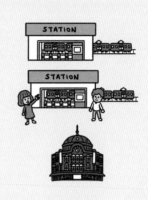

stationは，どこにでもある「駅」を表す普通名詞。the stationは，「その駅」で特定の駅を表すが，場面が変われば表す駅も変わる。しかし，Tokyo Stationの場合，どこにいてもTokyo Stationは日本の東京にある「東京駅」というただ1つのものを指す。このようにその物や人につけられた名前は固有名詞といい，大文字で始める。17世紀ごろまでは名詞の多くは最初の文字を大文字で書いていたが，18世紀ごろに固有名詞の最初の文字や文の最初の文字を大文字で書く規則ができてきた。

> Japanは世界に1つの国だし，Tokyoは世界に1つの都市だね。Tokyo Stationも世界に1つの駅だね。

あわせて確認！ ［曜日，月名］

大文字で始める単語には，ほかにどんなものがありますか？

まず，Sunday, Monday, Tuesdayのような曜日がわかりやすいね。

April（4月）のように，月名も大文字で始まりますよね。

よく気がついたね。その通り。ただし，spring（春）などの季節は小文字だから注意が必要だよ。どんな語が大文字で始まり，どんな語が小文字で始まるかを探してみても，おもしろいね。

Q.04

難易度 ★　　　なるほど度 ★

I like <u>lettuce</u>.が 複数形lettucesに ならないのはなぜ？

リンゴなら, I like apples.となるよね。 英語の名詞にはどんな概念があるのかな。

A. lettuceは「数えられない名詞」として扱われ，ふつう複数形にしないから。

「私はリンゴが好き」と言うときはI like apples.で，applesのように複数形にする。これはappleが「数えられる名詞」だからだ。このようにI like ～.と言うとき「～」に「数えられる名詞」が入るときは複数形にする。これに対して「私は数学が好き」や「私はオレンジジュースが好き」のように，1つ，2つ…と数えられるような明確な形を持たないものは「数えられない名詞」として扱われ，I like math.やI like orange juice.のように複数形にはしない。

英語ではlettuce（レタス）はふつう「数えられない名詞」として扱われるので，I like lettuce.（私はレタスが好き）のように言い，複数形にはしない。

> lettuceは数えられない名詞だから，「レタス1個」は a lettuceではなく，a head of lettuceと言うんだ。

あ わ せ て 確 認 ！ ［-s のつかない名詞］

「数えられない名詞」にはどんなものがありますか？

math（数学），science（理科）などの教科名や，English（英語），Japanese（日本語）などの言語名，milk（牛乳），wine（ワイン）などの液体，chocolate（チョコレート），ice cream（アイスクリーム）などの素材（食材）などが「数えられない名詞」だね。

でもレタスは1つ，2つ…と数えられる気がするんですが。

そうだね。英語で食べ物の話をするとき，lettuce（レタス），broccoli（ブロッコリー），spinach（ほうれん草）などは「数えられない名詞」として扱われるよ。日本語を話す私たちとは異なる捉（とら）え方をするんだね。

へえ。言語によって，ものの見方も変わってくるのですね。

Q.05

難易度 ★ ★   なるほ度 ★

I said his name.とは
言えて, I said him.と
言えないのはなぜ？

say, speak, talk, tell などの動詞の使
い方がポイントだね。

A.

sayは目的語に「言う」内容がくるから。

sayは，「(言葉や考え)を言う，述べる」という意味で，どんなことを言うかに重点がある。そのため，sayのあとには「言う」内容が来る。「(人)に」と言うときは，〈to＋人〉の形で，I said goodbye to him.（私は彼にさようならと言いました。）のようにする。

<u>say</u> yes to her, <u>speak</u> English well, <u>talk</u> with him, <u>tell</u> us a storyなどのように，語句のかたまりで覚えるといいよ。

あわせて確認！［動詞 say, speak, talk, tellの使い方］

「言う」という意味の動詞がたくさんあって，使い方が難しいです。

そうだね。整理すると，sayは「言う」という意味で，どんなことを言ったかに重点がある。speakやtalkは「話す，会話する」という意味で，話す相手には〈to [with] ＋人〉，話す内容には〈about＋内容〉を続ける。speakは「(言語)を話す」と言うときにも使うよ。

あとに「人」がくるのはどんな動詞ですか？

ずばりtellだね。tellは「伝える」という意味で，伝える内容だけでなく，誰に伝えるかを表すよ。tellは多くの場合，あとに「人」がきて，〈tell＋人＋A〉（〈人〉にAを伝える）や，〈tell＋人＋that＋文〉（〈人〉に〈文〉を伝える），〈tell＋人＋to do〉（〈人〉に〜するように言う）のような形で使うんだよ。

【 many と muchのナゾ 】

Q. 06

難易度 ★　　　なるほど度 ★ ★ ★

I have much homework.
とあまり言わないのは
なぜ？

many や much は，それぞれどんなときに使われることが多いかな？

[many, muchとa lot ofの違い]

A. many, muchは主に，否定文・疑問文で使われることが多いから。

「たくさんの」は，数えられる名詞には
manyを，数えられない名詞にはmuchを使
うと学ぶが，manyやmuchは否定文や疑問
文で使われることが多い。肯定文では，数
えられる名詞，数えられない名詞ともに
「たくさんの」は，a lot ofを使うことが多
い。特にmuchは単独で肯定文で使われるこ
とはほとんどなく，very[so] muchやtoo
much の形で使う。

I have a lot of friends.（私には友達がたくさんいます。）や I have a lot
of homework today.（今日は宿題がたくさんあります。）のように言うよ。

あわせて確認！ ［manyとmostの違い］

I have many friends.と言えば間違いですか？

ううん。間違いではないけど，堅苦しい文に思われるかもしれないね。ただし主
語を修飾する場合は，肯定文でもmanyを使うよ。Many students like this
song.（多くの生徒はこの歌が好きです。）のようにね。

many studentsとmost studentsでは，どう違いますか？

manyは「多くの」，mostは「ほとんどの」と訳されるね。たとえば，many
students in this class（このクラスの多くの生徒）と言うとき，クラスの過半数に
達しているとは限らないね。クラスの半数を超えていることを表したかったら，
most students in this class（このクラスのほとんどの生徒）のように言うよ。

Q.07

難 易 度 ★　　　なるほ度 ★ ★ ★

「警察官」のことを police officer と 言うのはなぜ？

policeman（警察官）や fireman（消防士）の man はどういう意味かな？

policeman

police officer(s)

policewoman

A. 男性か女性かを区別することが性差別 につながると考えられるから。

policeman, policewomanは、「警察官」という言葉を「男性」「女性」を区別して表している。現代では，この男女の区別をすることは性差別につながるという考え方があり、「警察官」はpolice officer，「消防士」はfirefighterという言葉が使われることが多い。

 これはその職業が男性中心だった時代の名残だね。言葉にはこんな歴史的なことがたくさん残っているんだね。

あわせて確認！ [性差をなくした単語]

 おじいちゃんが「スチュワーデス」って言ってました。

 飛行機などの「客室乗務員」のことを，以前はsteward（スチュワード・男性），stewardess（スチュワーデス・女性）と言っていたんだ。今は，flight attendant（フライト アテンダント）が使われるね。

 ほかにも例はありますか？

 「女優」は，actressという単語があるけど，これも性別で単語を変えないで，actorで統一されつつあるね。だから，日本語でも，「女優」ではなく「俳優」でいいということだね。

 なるほど。

 まだほかにもあるから，探してみるのも勉強になるね。

Q.08

難易度 ★　　　なるほ度 ★★

「明日」を
tomorrowと言うのは
なぜ？

> today（今日）はto＋day, tonight（今夜）は
> to＋nightだね。では, tomorrow（明日）は?

yesterday ----------- today ----------- tomorrow
（昨日）　　　　　　　　　（今日）　　　　　　　　（明日）

A. to（=on）＋morrow（=morning）で tomorrowだから。

today（今日），tonight（今夜）のtoは古くはonの意味で，todayはon this day, tonightはon this nightを表す。morrowはもともとmorning（朝）の意味なので，tomorrowはon this morningになるが，日常生活の中でmorningと言えば，翌日の朝のことをさすことが多かったので，次第にtomorrowが「明日」を表すようになった。

> 日本語の「あした」という言葉も，もともとは「朝」の意味だったけど，その「あした」が「明日」を表すようになったんだね。

あわせて確認！ ［2語が1語になった語］

todayは，もともとto dayやto-dayのように2語で書かれていたんだ。

へえー！ tonightやtomorrowも同じですか？

そうだね。それらは2語の英語が1語になった例だね。

ほかには，どんなものがありますか？

たとえばcell phone（携帯電話）も1語になって，cellphoneと書かれたりしているね。2語のevery day（毎日）は1語のeverydayになると，「毎日の」という形容詞になるので注意が必要だよ。

Q. 09

難易度 ★　　なるほど度 ★ ★ ★

This soup is hot.
このスープは
「熱い」の？「からい」の？

状況を想像してみよう。

A. This soup is hot.は「熱い」「からい」のどちらの意味でも使われる。

日本語の「熱い」も「からい」も英語ではhotと言える。This soup is hot.のように，どちらの意味にもとられる場合は，相手の表情や状況などで，どちらか判断するしかない。

 状況によって，意味を判断するんだね。

あわせて確認！ ［味覚を表す言葉］

 料理の味を表す言葉が知りたいです。

 まず，「おいしい」はgood，great や tasty があるね。It is good.や It tastes good.と言うね。delicious は「とてもおいしい」という意味だね。反対に，「まずい」は bad だけど，not good でもいいね。I don't like it.（私の好みではない。）などの表現も使えるよ。

 ほかに味を表す言葉はありますか?

 代表的なものとして，「甘い」は sweet，「塩からい」は salty，「にがい」は bitterで，「すっぱい」は sour だね。
ほかに，plain（あっさりした），oily（油っこい），mild（まろやかな），strong（濃い），sharp（刺激の強い）などもあるね。

Q.10

難易度 ★　　　なるほ度 ★★

「テレビゲーム」のことを TV gameと言っても 通じないのはなぜ？

英語では，video gameと言うね。

A. 「テレビゲーム」（TV game）という言葉は，日本人が作った和製英語だから。

「テレビゲーム」という言葉は，テレビの画面を使って遊ぶことからできた和製英語であるため，英語でTV gameと言っても通じない。

video gameのvideoは「映像，動画」という意味で，家庭用のcomputer game（コンピューターゲーム）やゲームセンターなどのarcade game（アーケードゲーム）なども指す。

 videoは「ビデオ録画」などのほかに，「動画」という意味があり，「ユーチューブの動画」はYouTube videoと言うよ。

あわせて確認！ ［ 和 製 英 語 の い ろ い ろ ］

 TV gameでは通じないんですね。

 そうだね。そんな和製英語は，ほかにもあるよ。何か知っているかな。

 たしか「マンション」は英語だと「大きい家」という意味でしたか？

 よく知っているね。mansionは富豪が住むような大邸宅のことだね。日本語の「マンション」は英語ではapartmentと言うよ。ほかに身近なものでは，「ホチキス」はそれを発明した人の名前で，英語ではstaplerと言うよ。また，遊園地で人気の「ジェットコースター」は英語ではroller coasterだし，「スーパー」や「デパート」も，supermarketやdepartment storeが正しい言い方だよ。

Q.11

難易度 ★ ★   なるほ度 ★

「ぼくはわくわくしている」を I'm exciting. と 言わないのはなぜ？

exciteは動詞で「～を興奮させる」という意味だね。

A. excitingは「（物事が人を）興奮させている」という意味だから。

exciteは「（物事）が（人を）興奮させる」という意味なので，The game was exciting. は「その試合は（人を）わくわくさせていた」という意味になり，the gameがexcitingだったことを表している。一方，「（人）が興奮させられている」はexcitedを使って，I was really excited.（私は本当にわくわくしていた）のように言う。

物事が人を興奮させているのはexcitingで表し，人が物事に興奮させられているのは，excitedとなるんだね。

あわせて確認！ ［interestingやsurprisingの場合］

interestingの場合はどうですか？

そうだね。interestは「（人）に興味を起こさせる」なので，This is an interesting book.は「これは興味を起こさせる本だ」→「おもしろい本だ」という意味になるね。interestedは「興味を起こさせられる」という意味で，I'm interested in this book.は，「私はこの本に興味を起こさせられている」→「私はこの本に興味があります」という意味になるよ。

ほかにはどんな単語がありますか？

surprisingとsurprisedがあるね。surprisingは，The news was surprising.（そのニュースは驚くようなものでした。）で，surprisedはニュースを聞いた人が驚かされるので，I was surprised at the news.（私はそのニュースに驚きました。）となるね。

Q.12

難易度 ★　　　なるほ度 ★★

「店」を表すのに storeとshopがあるのは なぜ?

アメリカではstore, イギリスではshopがよく使われるらしいけど。

A. もともとはshopだけだったが，「保管する」の意味のstoreが「店」の意味になったから。

もともとは，「店」「商店」はshopで表し，storeは「〜を保管する」という意味の動詞だった。しかし，そこからstoreは「保管されている場所＝倉庫」，さらに「販売するために保管している場所＝商店」という意味も表すように変化していった。その結果，もともとあったshopのほかに，storeも「店」を表す語に加わった。

「デパート」はdepartment store，「コンビニ」はconvenience store，「ディスカウント店」はdiscount storeと言うね。

あわせて確認！ ［店を表す言葉］

shopとstoreには違いがありますか？

アメリカとイギリスで使われ方が違うよ。アメリカでは，商品を売る店のことをふつうstoreと言うよ。そしてstoreよりもこぢんまりした専門店にはshopを使うことが多いんだ。
一方，イギリスでは，店のことをふつうshopと言い，storeはいろんな商品を扱う大型店のことを言うときに使うよ。

国によって使われる単語が違うことがあるんですね。

Q. 13

難易度 ★　　　なるほど度 ★ ★

「午前」と「午後」を
a.m.とp.m.と言うのは
なぜ？

「午前」と「午後」は「午」が，
a.m.とp.m.は "m" が共通しているね。

A. ラテン語のante meridiemとpost meridiemの略語で表しているから。

a.m.はラテン語でante meridiemの略で，p.m.はpost meridiemの略。meridiemはnoon（正午）で，anteはbefore（〜の前に），postはafter（〜のあとに）の意味。つまり，a.m.はbefore noon，p.m.はafter noonということになる。日本語の「正午」の前が「午前」で，「正午」のあとが「午後」と言うのと同じである。

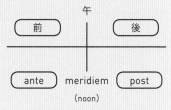

 a.m. / p.m.［A.M. / P.M.］のピリオドは，それぞれante meridiemとpost meridiemを省略したということを表すよ。

あわせて確認！ ［英語と日本語の違い］

 a.m.のピリオドはなくてもいいのですか？

 ピリオドは「省略した」という印だけど，am / pmやAM / PMとピリオドなしで表記されることもあるよ。

 a.m. / p.m.は時刻の前でもいいのですか？

 英語では，a.m. / p.m.は必ず時刻の後ろにくる。日本語では午前10時や午後10時のように「午前」「午後」は時刻の前にくるけど，英語では時刻の後ろにきて，「午後10時」は10p.m.や10P.M.などと表すよ。

Q. 14

難易度 ★ ★　　なるほ度 ★ ★

「〜できる」を表す can と be able to はどう違うの？

can も be able to も「〜できる」という意味だけど，どう違うだろう？

[canとbe able to の違い]

A. canは「その能力がある」ことを，be able toは「その能力が発揮される」ことを表す。

canもbe able toもどちらも「〜できる」という意味だが，canは「その能力がある」ことを表し，be able to は「その能力を使って実際にできる」ことを表す。過去の文でcanの過去形のcouldを使うと，できる能力があったことを表し，その能力を使って実際にできたかどうかはわからない。そのため，実際に「〜できた」と過去のことを言うには，was[were] able toを使う。

過去に実際にできたことはwas[were] able toを使おう。

あ わ せ て 確 認 ！ ［未 来 の 文 で も be able to を 使 う ］

 現在の文ではcanを使うけど，過去のときは注意が必要なのですね。

 その通り。「私は正午にそこに着くことができました」のように，過去に実際にできたことを表すときは，I was able to get there at noon.と言うよ。ここでcouldを使うと，「正午にそこに着く能力はあった」という意味になって，実際に着いたかどうかはわからなくなるんだ。

 未来の文はどうなるのですか？

 canとwillは，同時に使うことができないので，未来の文ではwill be able toを使うよ。「私は正午にそこに着くことができるでしょう」は，I will be able to get there at noon.だね。

Q.15

難易度 ★ なるほ度 ★

---

whatと
whichは
どう違うの？

whichは「どれ，どちら」という意味だね。「どれ，どちら」とたずねるときはどんなときかな？

A. 選ぶ範囲が限られていなければwhat，限られていればwhichを使う。

たとえば「何が欲しいか」という質問では，欲しいものを選ぶ範囲に制限がないので，whatを使って，What do you want?とたずねる。「AかBのどちらが欲しいか」や「これらの中のどれが欲しいか」のように，選ぶ範囲が「AかB」や「これらの中」のように限られているときには，whichを使う。

what bookは「何の本」だけど，which bookなら「どの本」「どっちの本」という意味で，限られた中から選ぶことになるよ。

あわせて確認！ ［whatとwhichの違い］

「何の教科が好きですか」は，whatとwhichのどちらを使いますか？

「今，学校で習っている教科の中で」と考えるのなら，限られた中から選ぶので，Which subject do you like?とたずねるけど，「あらゆる教科の中で」と考えると，What subject do you like?とたずねるね。

whichとwhatの境界線になる数ってあるのですか？

それはないね。A or Bのように，あとに選択肢がくるときはwhichを使うけれど，いくつ以上がwhatという決まりはないよ。四季や1年の12か月の中で，「どの季節がいちばん好きですか」や「何月がいちばん好きですか」は，Which season [month] do you like the best?とたずねることが多いかな。

Q.16

難易度 ★　　　なるほど度 ★

「〜に到着する」で
arrive at と arrive in が
あるのはなぜ？

atとinの前置詞の違いに注目だね。この2つ
はどう使い分けるのだっけ？

A.

〈arrive at＋建物・駅など〉，〈arrive in＋国・都市など〉で使い分けるから。

arrive at 〜は，建物，駅，空港などの<u>比較的狭い地点</u>に到着するときに使い，arrive in 〜は，国や都市などの<u>比較的広い地域</u>に到着するときに使う。したがって，「東京駅に到着する」は，比較的狭い場所なので，arrive at Tokyo Stationと表す。

「家に着く」は，arrive homeでatやinは使わないよ，arrive here（ここに着く）も同じだよ。

あわせて確認！ ［「到着する」のいろいろ］

---

get toも「〜に着く」という意味ですか？

そうだね。ほかにreachも「〜に着く」という意味だね。

それぞれ使い方が違うんですか？

arriveは到着する場所によって，arrive atやarrive inを使い分けたね。getはあとにtoがきて，get toで「〜に着く」という意味になるね。そして，reachは前置詞が必要なく，すぐあとに場所を続けることができるよ。

それぞれの語句を使って，「きのう東京駅に着きました。」は，どのように言えばいいですか？

「東京駅（Tokyo Station）」だから，arrive の場合はatを続けるよ。
I arrived at Tokyo Station yesterday.となるね。ほかはI got to Tokyo Station yesterday.やI reached Tokyo Station yesterday.とも言えるよ。

【byとuntilのナゾ】

Q.17

難易度 ★★　　なるほど度 ★

「〜時まで」と言うときに byとuntilで 使い分けるのはなぜ？

「6時まで（ずっと）」「6時までに」という意味で，言い方が変わってくるのかな？

A. 「〜までに」はbyを,「〜まで(ずっと)」はuntilを使うから。

untilは,動作や状態があるときまでずっと継続していることを表して「〜まで(ずっと)」という意味を表す。一方,byは,動作や状態があるときまでに完了していることを表して「〜までに」という意味になる。untilは「継続」を表し,byは「期限」を表している。

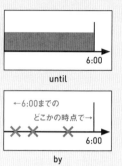

until

by

Wait until six. (6時まで待ってて。)と,I'll be there by six. (6時までにはそこに行くから。)という感じで使い分けるんだね。

あわせて確認! ［byとuntilの違い］

「〜まで」と「〜までに」の使い分けの例文をもっと知りたいです。

わかった。きみが友達の家に用事があって行くことになったとしよう。
そのとき,友達が,I'll be home until six. (6時まで家にいるよ。)と言ったとすると,そのあとの時間は,友達は家にいないことになるから,きみは6時より前に友達の家に行かないといけないね。
もし友達が,I'll be home by six. (6時までに家に戻っている。)と言ったとすると,6時までは家にいない可能性があるので,きみは6時以降に友達の家に行くと確実に友達に会えるね。

なるほど。よくわかりました。

Q.18

難易度 ★　　なるほど度 ★★

自分のことを表すIが いつも大文字なのは なぜ？

「私」のIが大文字なのは「オレ様」的で，英語を話す人たち は個人主義だからや，尊大さの表れだというのは俗説だね。

A. ほかの文字に紛れてしまわないように，視覚的に目立たせるため。

古い英語では「私」は〈ic〉とつづられ「イッチ」と発音していた。頻繁に使う語なので「チ」が落ち，〈i〉「イー」となり，のちに発音も「アイ」に変わった。印刷技術が発達すると，小文字の〈i〉だとほかの文字と紛れてしまうため，代用として〈y〉や〈j〉を使った時期もあったが，最終的に大文字の〈I〉が定着した。

昔は小文字のiだったけど，はっきり目立つように大文字のIになったんだね。

あ わ せ て 確 認 !　［代名詞を並べるときは，I を最後にする］

「私とあなたとさくら」のように，3人の人を並べて言うときは，どの順番になるかわかるかな？

I, you and Sakuraですか？

残念！　日本語では「私とあなた」のように言うことがあるかもしれないが，英語では，自分とほかの代名詞などとを並べるときは，You, Sakura and I のように，「2人称→3人称→1人称」の順にするんだ。ポイントは目の前にいる2人称の you を最初にして，I をいちばん最後にすることだね。

目の前にいる人に敬意を払う，そして自分を最後にするということですね。

そうだね。

Q. 19

難易度 ★　　　なるほ度 ★ ★

「12」をtwenteen と言わないのは なぜ？

13〜19は thirteen など -teen だけど, 11(eleven)と12(twelve)は teen がついてないね。

数字

1	one	11	eleven
2	two	12	twelve
3	three	13	thirteen
4	four	14	fourteen
5	five	15	fifteen
6	six	16	sixteen
7	seven	17	seventeen
8	eight	18	eighteen
9	nine	19	nineteen
10	ten	20	twenty

［twelveと言う理由］

A. 月，時間，1ダースなど，12までをひとまとめにすることが多いから。

five（5）がfinger（指）やfist（こぶし）と同じ語源であることから，昔から指を使って数を数えていたと考えられる。そして，12までは特別な数字で，両手でten（10）まで数えて，「1つ残っている」のがeleven（11）（=one-left），「2つ残っている」のがtwelve（12）（=two-left）という言い方になった。

1年 = 1月～12月

1年は12か月，時計は12時間，1ダースは12個，1フィートは12インチのように，今でも「12進法」が使われているよ。

あわせて確認！　［thirteenの由来］

thirteenなどの-teenはどのようにしてできたんですか？

thirteen, fourteenなどはthree-ten, four-tenからきたんだよ。つまり「3+10」や「4+10」ということだね。また，thirty, fortyはthree-tens, four-tens，つまり「3×10」や「4×10」ということからきているんだよ。

へえ。おもしろいですね。

teenagerという言葉があるけど，何歳から何歳までか，わかるかな？

10代という意味で，10歳から19歳までじゃないんですか？

残念！　teenがつくthirteenからnineteenまでで，13歳から19歳までだね。10歳から12歳はpreteenと呼ぶよ。

なるほど。おもしろいです。

【「パン」のナゾ】

Q. 20

難易度 ★　　　　なるほど度 ★ ★

食べ物の「パン」を英語でpanと言わないのはなぜ？

「食パン」や「ロールパン」などいろいろな「パン」があるね。でも，この「パン」って英語かな？

「パン」はポルトガル語から来た語で, 英語ではないから。

「パン」はポルトガル語から来ていると言われ, 日本にパンが伝わった歴史とも関係している。英語で「パン」はbreadといい,「食パン」の意味を表すことも多い。食パンを切って焼いた「トースト」はtoastで,「ロールパン」はrollと言う。

> 英語でpanと言えば,「(平たい) なべ」のことだよ。
> frying panは「フライパン」だね。

あ わ せ て 確 認 ! [い ろ い ろ な 国 か ら き た 言 葉]

「アルバイト」も英語じゃないんですか?

アルバイトはドイツ語で「労働, 仕事」という意味だね。それが日本語では学生などのアルバイトの意味になったんだ。英語では, part-time job (アルバイトの仕事), part-timer (アルバイトで働く人) と言うよ。このように, 日本に伝えられた言葉が元の国の読み方でそのまま残っていることが多いね。

「フライドポテト」は, どうですか?

それは和製英語だから通じないね。英語ではFrench friesだね。イギリス英語ではchipsと言うよ。

【アポストロフィのナゾ】

Q.21

難易度 ★ なるほ度 ★★★

o'clockのoとclock の間に「'」があるの はなぜ？

この「'」のことは,「アポストロフィ（apostrophe）」 と言うよ。

A. o'clockはof the clockを省略した形だから。

o'clockは，of the clock（時計の）を短くした形で，省略したことを表す意味で「'」（アポストロフィ）を入れる。

ほかにも，I am → I'm, I will → I'll, do not → don't, cannot → can'tなど，短縮形と言われるものがある。このように文字を省略したとき，そのことを表すために省略したところに「'」（アポストロフィ）を入れる。

短縮形の例

- I am → I'm
- You are → You're
- That is → That's
- I will → I'll
- do not → don't
- cannot → can't

ハロウィーンのカボチャのちょうちん，jack-o'-lanternのo'も，ofを短縮した形だよ。

あわせて確認！［「'」（アポストロフィ）の用法］

ほかにも「'」を使うことはありますか？

①短縮形では，2020 → '20のように，数字を短縮したときにも使うよ。
②名詞に's をつけて所有格を作ることができるね。

（例）Sam → Sam's（サムの，サムのもの），my father → my father's（私の父の，私の父のもの）。

③'s で文字，数字などの複数形を作ることもあるよ。

（例）three A's（3つのA），20's（20年代，20歳代）。

単語の最後に，アポストロフィがくることもあるんですか？

あるよ。それはね，複数形のsで終わる語の所有格などを表すときだね。たとえば，「女子校」なら，girlsのあとに's はつけないで「'」だけをつけて，a girls' schoolとするんだ。a teachers' office（職員室）もそうだね。

Q.22

難易度 ★★　　なるほ度 ★★★

play the guitar に
the をつけるのは
なぜ？

the は,「特定できるもの」につくよね。それ以外に,
「～というもの」という意味にもなるよ。

A. theには，「〜というもの」という意味で まとめる働きがあるから。

theの主な用法には「その〜」と文脈から
特定できるものを指す用法と，唯一の存在
でただ1つに特定されるものにつける用法が
あるが，それ以外に，「〜というもの」や
「全ての〜」という意味で，ひとまとめにす
る働きもある。play the guitarは「そのギ
ターを弾く」ではなく，「ギターというもの
を弾く」という意味。

 「(楽器)を演奏する」と言うとき，〈play the＋楽器名〉で表
すけど，このtheは「〜というもの」という意味だったんだね。

あわせて確認！ ［ひとまとめにするtheの働き］

 楽器名につけるthe以外にも，ひとまとめにする働きをするtheの例はありますか?

 theはひとまとめにする用法があるから，たとえばthe youngで「若い人たち」，
the richで「金持ちの人たち」のように，〈the＋形容詞〉で「〜の人々」とい
う意味になるんだ。

 young peopleやrich peopleと同じ意味ですか?

 そうだね。さらに，人の姓にtheと複数形-sをつけ，the Smithsのように言うと
「スミス家の人々」という意味になるよ。

 へぇ，おもしろいですね。

Q.23

難易度 ★   なるほど度 ★ ★

I go to school. の school の前に a や the がつかないのはなぜ？

冠詞がつく，つかないで，どんな意味の違いがあるかな？

［冠詞あり，なしの違い］

A. I go to school.のschoolは建物ではなく，「学校教育を受ける場所」を表すから。

go to school（学校に行く）のschoolは，「学校」という具体的な建物自体ではなく，「学校教育を受ける（場所）」という，学校で主に行われる目的（機能）を表している。このように名詞がその本来の目的を表すときは，冠詞をつけない。

「学校教育を受ける場所」（目的）のような抽象的なものを表す名詞には，冠詞（a,the）をつけないよ。

あわせて確認！ ［冠詞（a, the）をつけない例］

aやtheがつくと，具体的なものを表すことになるんですね。

その通り。ほかにも，たとえば「寝る」は英語で何と言うか覚えている？

"go to bed" ですか?

そうだね。文字の通りなら，どういう意味になるかな？

「ベッドに行く」です。

そうだね。go to bedは「（寝るために）ベッドに行く」のでbedの前にaやtheはつけないけど，ベッドの上にある本を取るためなど，寝るため以外の目的でベッドに行くならgo to the bedと言うよ。あと，go to churchは，「（お祈りをするために）教会へ行く」という意味だね。建物や壁画などの見学のためなら，go to the churchと言うよ。

Q.24

難易度 ★　　なるほ度 ★★

I watch TV.で
TVの前にtheがつかない
のはなぜ？

I watch TV.（テレビを見る。）って，「テレビ」
という機械（受像機）を見るという意味かな？

A.

TVにtheをつけると，テレビ放送ではなく テレビの機械本体を表すことになるから。

watch TV（テレビを見る）は，「テレビという 受像機（テレビの機械本体）を見る」のではな く，「テレビから流れる放送[番組]を見る」 という意味だから，TVの前にaやtheの冠詞 はつけない。TVにaやtheをつけると，テレビ の機械本体を表すことになる。

aやtheのついていないschoolは「学校教育を受ける(場所)」 という意味で学校本来の目的を表したけど，aやtheがつくと， 「建物としての学校」の意味だったね。

あわせて確認！ ［TVについて］

a TVやthe TVは，それぞれどんなときに使いますか？

「私は新しいテレビが欲しい」と言うときは，テレビの機械本体のことだから，I want a new TV.と言うね。「テレビを消して」や「音量を下げて」と伝えると きは，相手にもわかるテレビの機械本体のことだから，Turn off the TV.や Turn down the TV.のようにTVの前にtheをつけるよ。

テレビに関する表現をもっと教えてください。

「今テレビで何やってる？」はWhat's on TV now?と言うよ。ドラマは (TV) drama， バラエティ番組はvariety show，クイズ番組はquiz show，歌番組はmusic show，スポーツ番組はsports program，ニュース番組はnews programだね。

Q. 25

難易度 ★　　なるほ度 ★ ★

the countryって
どんな意味？

辞書でcountryをひくと，いろんな意味が出てくるね。

A. 「その国」という意味と，「田舎」という意味がある。

国の名前がすでに話題になっている場合の the countryは特定の国を指して「その国」という意味になる。

一方で，いきなりthe countryが出てくると，それは都会に対しての「田舎」という抽象的な意味になる。countryは「田舎」という意味では，常にtheがつく。

> 辞書の説明で，単語の意味の前に ［theをつけて］ や ［the ～］ などと書かれている場合，その意味では必ずtheがつくということを示しているよ。

あわせて確認！ ［theのいろいろな用法］

ほかに，theがつくのはどんなときですか？

たとえば，天体など1つしかない名詞にはtheがつくよ。the earth（地球）やthe sun（太陽），the moon（月）は1つしかなくて特定もできるからtheがつくね。

ただ1つのものにはtheがつくんですよね。

そうだね。ほかにも方位を表すthe north（北），the south（南），the east（東），the west（西）や，the North Pole（北極）などもそうだね。

世界にたった1つのぼくの名前にもtheがつくのですか？

人の名前や山（Mt. Fuji），国（Japan），駅名（Tokyo Station）などには基本的にはtheはつかないよ。ただし，山脈（the Alps　アルプス山脈），川（the Tone River 利根川），海洋（the Pacific Ocean　太平洋），乗り物（the Nozomi のぞみ号），新聞（the Times　タイムズ紙）などにはtheがつくんだ。

Q.26

難易度 ★　　　なるほ度 ★

「〜を見る」に,
see, watch, look at
があるのはなぜ？

どんなふうに見るかがポイントだね。

A. seeは「見える」，watchは「じっと見る」，look atは「目を向ける」という意味の違いがあるから。

seeは「（自然に）見える，目に入る」という意味で，watchは動きのあるものを「じっと見守る，見張る」という意味。「テレビ（の動く画面）を見る」はwatch TVと言う。lookは見ようとして「目を向ける」という意味で，「〜を見る」と言うときは，lookのあとにatが必要。

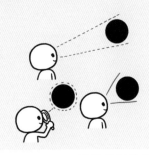

 Oh, I see.（わかりました。）のseeは，教えてもらうなどして，「わかった」という意味だね。

あわせて確認！ ［ seeとlook atを使った表現 ］

 seeやlook atを使った例文を教えてください。

 道を教えるときの言い方で，Turn left at that corner. You'll see the library on your right.（あの角を左に曲がってください。右手にその図書館が見えます。）という文は，角を曲がったら，見るつもりがなくても図書館が自然と見えてくるということだね。

 あっ，道案内の表現でしたね。ここでlook atを使うと何だか不自然な文になりますね。

 そうだね。あとはね，I looked carefully, but I couldn't see anything.（私は注意深く見たが，何も見えなかった。）という文はlookとseeの違いがわかる文だね。「（見ようとして）見る」と「（自然と）目に入る」の違いが読みとれたかな？

Q.27

難易度 ★★　なるほ度 ★★★

単数扱いのeveryoneを受ける代名詞はhe? she? それとも別のもの?

「みんな自分が試験に受かると思っている」はどう言う?
Everyone thinks that ? will pass the test.

[everyoneを受ける代名詞]

A. かつてはheで受けていたが，今はtheyで受けることが広まりつつある。

everyone, everybodyは「だれでもみんな」の意味だが，かつては，単数扱いのheで受けていた。しかし，「みんな」に含まれるのは男性だけではないから，theyで受けることが多くなってきている。Everyone thinks that they will pass the test.（みんな自分がテストに受かると思っている。）のように，theyで受けることが一般的。

Everyone likes this song, don't they [×doesn't he]?
（みんなこの歌が好きですよね。）

Everyone brought their own lunch.（みんな，自分の昼食を持ってきました。）のように，所有格ならtheirで受けるよ。

あわせて確認！ [everyone, everybody, somebody, anybodyの代名詞]

---

everyoneとeverybodyに違いはありますか？

everyoneとeverybodyは，同じ意味だね。あえて違いを言うなら，everybodyのほうが口語的かな。どちらもtheyで受けるよ。

「だれか」という意味のsomebodyとanybodyはどう違いますか？

someとanyの使い方が違うのと同じだね。somebody, someone は肯定文で使用し，anybody, anyoneは疑問文や否定文でよく使うよ。また，somebodyやanybodyも，単数扱いだけど，それを受ける代名詞はthey, their, themを使うようになっているよ。everyoneと同じだね。

somebodyやanybodyの表す「だれか」も性別を特定できないからですか？

その通りだね。

Q.28

難易度 ★ なるほど度 ★

moneyが
数えられない名詞
なのはなぜ？

お金には，具体的には1000円札や1万円札などの
紙幣と10円玉や100円玉のような硬貨があるね。

A. moneyは，紙幣や硬貨を含めたお金の総称を表しているから。

money（お金，貨幣）は，bill（紙幣）やcoin（硬貨），さらにはelectronic money（電子マネー）も含めたお金全体を表しているため，数えられない名詞。

一方，貨幣の種類を表すbill[note]（紙幣）やcoin（硬貨）は，three thousand-yen bills（3枚の1000円札）やmany ten-yen coins（たくさんの10円硬貨）のように数えられる名詞として使われる。

日本語でも「お金1つ」などとは言わないね。

あわせて確認！ [furniture も数えられない名詞]

お金は数えられると思っていました！ でも，数えていたのはお札や硬貨だったんですね。

そうだね。bill[note]やcoinは数えられる名詞だからね。
そうそう，お金の単位を表すdollar（ドル）やcent（セント）は数えられて，複数になると-sがつくよ。ten dollars（10ドル）やtwenty cents（20セント）のようにね。euro（ユーロ）は，-sをつけたりつけなかったりするよ。yen（円）は複数形でもyenのままだから注意が必要だね。

ほかにも数えられそうで数えられないものはありますか？

table（テーブル）やchair（いす）は数えられる名詞だけど，それらをまとめたfurniture（家具）という単語は総称だから，数えられない名詞だよ。だから「家具1点」はa piece of furnitureと言うんだ。

【 meet と see のナゾ 】

Q. 29

難易度 ★　　　なるほど度 ★

初対面のあいさつで, see ではなく meet を 使うのはなぜ?

「はじめまして」は, Nice to meet you. って言う よね。Nice to see you. では意味が違うのかな。

[meet と see の違い]

A. seeは知っている人に「会う」で，初対面の人に「会う」はmeetを使うから。

seeは基本的に「（知っている人）に会う」という意味なので，Nice to see you (again).は「（また）会えてよかったよ」という意味になる。一方，meetは「（初対面の人）に会う，知り合いになる」という意味なので，Nice to meet you.は「はじめまして。」という初対面のあいさつになる。次に会ったときは，Nice to see you (again).と言う。

Nice to meet you.には，Nice to meet you, too.（こちらこそはじめまして。）と応じるよ。

あわせて確認！ ［あいさつのいろいろ］

Nice to meet you.の前には，It's が省略されているんだよ。

つまり，It's nice to meet you.ということですか？

そうだよ。ほかに，It's good to meet you. や I'm glad to meet you.の It's や I'm を省略して，Good to meet you.や Glad to meet you. と言うこともあるよ。

知っている人に会ったときは，It's good to see you.や Glad to see you. と言えばいいんですか？

そうだね。そして，初対面の人と別れるときには，Nice meeting you.（お会いできて楽しかったです。）と言うよ。同じように，知っている人と別れるときも，Nice seeing you.（会えて楽しかったよ。）などと言うよ。

Q1. 「グローバル」は,
globe（地球）と
glove（手袋・グローブ）の
どちらと関係があるの？

A1.

globalは，名詞のglobeからきた言葉で，global（地球上の，全世界の）は，glob_e_（地球）という名詞の最後をalに変えてできた形容詞です。このように，品詞が変化することはよくあります。gloveは「手袋」の意味なので，つづりの違いに注意しましょう。

語尾に-alがつけ加わって形容詞になる単語

名詞		形容詞
accident（事故）	⇒	accident_al_（偶然の）
herb（ハーブ）	⇒	herb_al_（薬草の）
music（音楽）	⇒	music_al_（音楽の）
magic（魔法）	⇒	magic_al_（魔法の）

もっとくわしく！

そういえば-fulで終わる語も多い気がしますね。

そうだね。-fulは「〜がいっぱい」という意味だね。beauty（美）→beautiful（美しい）や，care（注意）→careful（注意深い）などがあるね。また形容詞の語尾に-lyをつけると，副詞になるよ。たとえば，carefulはcarefully（注意深く）になるね。

なるほど。本当ですね。

Q2. 牧場の「牛」はcowなのに、「牛肉」をbeefと言うのはなぜ？

A2.

動物は, 生きているときの言い方と肉など食品になったときで言い方が違うものがあります。cow, pigは本来の英語ですが, beef, porkはフランス語から来た外来語です。かつて家畜を飼育していた農民は英語を話していたのに対して, 肉を食べる支配層の貴族はフランス語を話していました。そのため, 生きている動物は本来の英語で, 食べるための肉はフランス語で呼ばれるようになったと言われています。

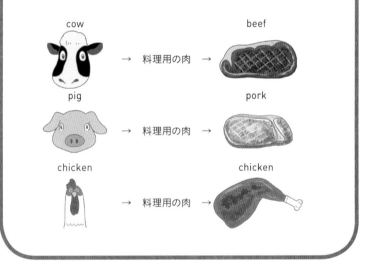

cow → 料理用の肉 → beef

pig → 料理用の肉 → pork

chicken → 料理用の肉 → chicken

もっとくわしく!

 でも, chickenは食べ物も動物も言い方は変わらないですよね。

 そうだね。昔, 一般家庭でよく食べられていたニワトリがのちになって貴族にも食べられるようになったから, chickenだけは古くからの庶民の言い方が残ったとも言われているよ。

 へえ〜!

Q3. 英語の名字は、どのような由来が多いんだろう？

A3.

代表的な例は, 職業から由来しているものです。たとえば, 金属細工の仕事をしていた人たちは自分たちの職業名のsmithを名字にしました。パン職人の人たちも職業名bakerを名字にしました。このほかにも髪の色からBlackやBrownという名字がついたり, 住んでいた場所の地理的な特徴からHillやWoodsという名字がついたりしました。

職業名を名字にした例		
金属細工師	⇒	Smith
パン職人	⇒	Baker
漁師	⇒	Fisher
陶器職人	⇒	Potter

髪の色を名字にした例		
黒髪	⇒	Black
茶髪	⇒	Brown
白髪	⇒	White

地理を名字にした例		
丘	⇒	Hill
森林	⇒	Woods
低木地	⇒	Bush

もっとくわしく!

HillやWoodsって, 日本なら岡さんや森さん, 林さんとかですね。そういえば, アメリカにはJohnsonという名字も多いですよね。

そうだね。-sonは「〜の息子」という意味だよ。だからJohnsonはJohnの息子ということだ。ほかにもWilliamsやJonesの-sやMcDonaldのMcも「〜の息子」という意味なんだ。

へえ〜!　勉強になりました。

Q4. 5以上, 5以下, 5未満は英語ではどのように言うの？

A 4. 基本的には, moreやlessなどの比較を表す言葉や overやunderなどの上下を表す言葉を使って表します。英語のmore than fiveやover fiveは5を含まない, 5より上の数値を表します。5を含む場合(5以上)は, five or[and] moreのように言います。逆に, 5を含まない場合(5未満)は, less than fiveや under fiveと言い, 5を含む場合(5以下)は, five or[and] lessと言います。

- (＞5)
  more than five(5より上の数値。5を含まない。)
- (≧5)
  five or[and] more(5以上。5を含む。)
- (≦5)
  five or[and] less(5以下。5を含む。)
- (＜5)
  less than five(5より下の数値。5を含まない。)

もっとくわしく!

 1未満の数字の読み方を教えてください。

 たとえば, 0.5は, zero point fiveと言うよ。

 点はpointなんですね。

Q.01

難易度 ★　　なるほ度 ★ ★ ★

「今，行きます。」で I'm coming. のように， come を使うのはなぜ？

「行く」はgoなのに，「今，行きます」と言うときは，I'm going.ではなくて，I'm coming.って言うよね。

A. 相手がいる場所に「行く」と言うときは，goではなくcomeを使うから。

goは話している人がどこかへ「行く」という意味。一方，comeは到着点に視点があり，話している人の所に「来る」，さらに，話している人が話し相手の所に「行く」と言うときに使用する。comeには，相手のいる場所を心に描いて，自分がそこに「来る」というイメージがある。

I'm going.は，話している人や話し相手がいる場所以外のどこかへ「行く」ということで，「出かけるよ」という意味になるんだ。

あわせて確認！ [come と go のいろいろ]

comeやgoには，「来る」や「行く」だけでなく，ほかにもさまざまな意味がありますよね。

そうだね。goは「（物事が）進行する」という意味もあるんだ。goのあとに形容詞がくると「（悪い状態に）なる」という意味になることが多いんだよ。

へぇ。たとえば，どんなものがありますか?

食べ物などが「くさる」は，go badと言うよ。

では，comeはどうですか?

「（良い状態に）なる」ということが多いね。My dream has come true.（私の夢が実現した。）がいい例だね。

なるほど。おもしろいですね。

【 any のナゾ 】

Q. 02

難易度 ★ ★ なるほど度 ★

You may take any book.は肯定文なのにanyを使うのはなぜ？

anyは，疑問文では「いくつかの，いくらかの」，否定文では「少しも(〜ない)」という意味だったね。

A. 肯定文のanyは「どの／どんな〜でも」という意味を表すから。

肯定文のanyは，単数名詞の前について，「どの／どんな〜でも」という意味を表す。そのときanyは強く発音する。Any child knows that.（どんな子どもでもそのことを知っています。）やYou can use this computer at any time.（いつでもこのコンピューターが使えます。）のように使う。

> 肯定文ではsomeを使うって覚えていたけれど，anyを肯定文で使う場合もあるんだね。

あわせて確認！　［疑問文，否定文の a n y との違い］

疑問文，否定文，肯定文でのanyの使い方をくわしく教えて欲しいです。

そうだね。まず，疑問文では「いくつかの，いくらかの」という意味だね。
Do you have any books?
（あなたは本を何冊か持っていますか。）
否定文では「1つも（〜ない）」だね。
I don't have any books.
（私は本を1冊も持っていません。）
そして，肯定文では「どんな〜でも」だね。
You can borrow any book in this room.
（この部屋にあるどの本でも借りることができます。）

anyは比較級の文でも使われますよね。

He is taller than any other student in the class.（彼はクラスのほかのどの生徒よりも背が高い。）という文だね。これも肯定文で，「どの／どんな〜でも」ということだね。

Q. 03

難易度 ★　　　なるほど度 ★

He is very interesting.と
言えて，He is very running.
と言えないのはなぜ？

veryが強調する語はどんな語かな？　そして，
interestingとrunningは，何が違うのかな？

A. interestingはveryで修飾できる形容詞だが，runningは動詞の-ing形だから。

interestingは，be動詞に続けて，進行形を表しているのではなく，「おもしろい，興味深い」という意味の形容詞として使われている。そのため，veryに修飾されたり，more interestingやmost interestingのように比較級や最上級になったりすることもある。

一方，runningは，進行形を表す動詞の-ing形として使われているため，veryで修飾されることはない。

「とても，非常に」という意味のveryは，（単独では）動詞は修飾せず，形容詞や副詞を修飾するんだよ。

あわせて確認！ ［動名詞になった-ing形］

-ingで終わる単語でも使われ方が違うんですね。

そうだね。動名詞も-ing形だったよね。
動名詞は，動詞に-ingをつけ，その名の通り名詞として使われるね。
I enjoyed playing tennis.（私はテニスをして楽しみました。）のように使われて，このplayingはenjoyedの目的語になっているね。

動詞の意味を強めたいときは，どう言えばいいですか？

very muchやa lotを使うといいよ。I enjoyed the movie very much.
（映画はとても楽しかった。）やI like her a lot.（彼女のことがとても好きだ。）のように使うよ。

Q.04

難易度 ★ ★　　なるほ度 ★ ★

go shoppingと言えて go studyingと言えないのはなぜ？

goのあとにはどんな動詞の-ing形がくるのかな？

A. go -ingは娯楽などで多く用いられる表現だから。

go shopping（買い物に行く）, go swimming（泳ぎに行く）やgo fishing（釣りに行く）などのように，goのあとに動詞の-ing形を続ける場合は，娯楽や気晴らしなどを表す動詞がくることが多い。study（勉強する）やwork（仕事をする）などのような娯楽以外の言葉の-ing形は，goのあとに続かない。

ほかに，go camping（キャンプに行く），go jogging（ジョギングに行く）やgo skating（スケートに行く）などがあるよ。

あわせて確認！ ［go -ingのあとの前置詞に注意］

goのあとにどんな-ing形が続くかわかったかな？

はい。swimやfishなど娯楽を表す動詞の-ing形ですよね。

その通り。では，「海に泳ぎに行く」は英語でどう言うでしょう？

go swimming to the seaですか？

残念！ よくある間違いだけど，このgo -ingは「海に行く」という意味より「海で泳ぐということをしに行く」という意味で，「海で泳ぐ」のほうに重点があるんだ。だから，go swimming to the seaではなくて，「swim in the seaをしに行く」と考えて，go swimming in the seaと言うんだ。

なるほど。「デパートへ買い物に行く」も同じですか？

そうだね。go shopping in the department storeと言うね。

Q. 05

難易度 ★　　なるほど度 ★ ★

「私は3人姉妹です」を
I have three sisters. と
しないのはなぜ？

日本語の「私は3人姉妹です」と言うとき，「私」は
「3人」の中に含まれている？　含まれていない？

A. 日本語の「3人姉妹」は「私」を含むが，英語のsistersは「私」を含まないから。

「何人きょうだいですか」は，How many brothers and sisters do you have? のようにたずね，自分が5人きょうだいの場合は，たとえばI have two brothers and two sisters.（兄弟が2人，姉妹が2人います。）のように答える。このbrothers, sistersの中には，「私」は含まないので，答え方に注意が必要となる。

> 日本語の「何人きょうだい？」の「きょうだい」は「兄弟」なのか「姉妹」なのかがあいまいだよね。

あわせて確認！ ［my familyに「私」は入っている？］

family（家族）という語も，文の流れによって「私」を含まないことがあるね。

ええ？ どういうことですか？

My family went to the zoo today. We had fun.（私の家族は今日，動物園に行きました。楽しかったです。）と言うと，「あれ？」って思われてしまうよ。英語は集団と自分を分ける傾向があるから，My familyで文を始めると，「私」を含まないことが多い。だから，そのあとに「私」を含むWeが続くと，「あれ？」っとなるんだ。

では，どう言えばいいんですか？

自分も行ったなら最初の文をMy family and I went to the zoo today.とすればいいよ。自分が行かなかったのなら，あとの文のWeをTheyに代えて言うよ。

My familyならTheyで，My family and IならWeで受ければいいんですね！

Q.06

難易度 ★ ★   なるほど度 ★

try to ～と
try -ingって
どう違うの？

どんな意味の違いがあるかな？　考えてみよう。

try to cross the street

try crossing the street

A. try to ～は「しようと努力する」の意味を, try -ingは「試しにやってみる」の意味を表す。

過去形の場合, tried -ingは実際にしたことを表すが, tried to ～は, 実際にできたかどうかはわからない。

（例）She <u>tried to eat</u> *sashimi*, but she couldn't.（彼女は刺身を食べようとしたが、できなかった。）
She <u>tried eating</u> *sashimi* and liked it.（彼女は刺身を食べてみて、気に入った。）

likeやstart, beginなど, あとにto ～（不定詞）がきても, - ing（動名詞）がきても, 意味がほとんど変わらないものもあるね。

あわせて確認! ［不定詞と動名詞］

ほかにも, あとにto ～と-ingがきたときで, 意味が変わる動詞はありますか?

あるよ。<u>remember</u>（覚えている）と<u>forget</u>（忘れる）がその代表だね。

どう変わるんですか?

remember to ～は「～することを覚えている（=忘れずに～する）」, remember -ingは「～したことを覚えている」という意味になるよ。
（例）Remember to call me.（忘れずに私に電話をしてください。）
Do you remember meeting me?（私と会ったことを覚えていますか。）

to ～が未来のことで, -ingは過去のことを表すのですね!

その通り! forgetも同じで, forget to ～は「～することを忘れる」, forget -ingは「～したことを忘れる」という意味になるよ。
（例）I often forget to feed the fish.（私はよく魚にえさをやるのを忘れます。）
I'll never forget seeing you here.（あなたにここで会ったことを決して忘れません。）

Q.07

難易度 ★   なるほど度 ★★

Would you like some juice?は疑問文なのにsomeを使うのはなぜ？

someは，原則的には肯定文で使うよね。
疑問文で使われるのは，どんなときかな？

[疑問文のsome]

A. 疑問文でもsomeを使うのは，相手に物をすすめる気持ちを伝えるため。

「ジュースはいかがですか」のように相手に物をすすめるときには，Would you like some juice? と言う。ここでany を使って，Would you like any juice?と言うと，「どんなジュースでもいいよね。いかが？」という感じになり，相手にジュースを飲んでほしいということが伝わりづらい。したがって，人に物をすすめるときにはanyではなく，someを使う。

物をすすめられたら，Yes, please.（はい，お願いします。）や，No, thank you.（いいえ，結構です。）などと応じるよ。

あわせて確認！ [yesの答えを期待する疑問文のsome]

ほかにも，yesの答えを期待するときに，疑問文でsomeを使うよ。

yesの答えを期待するときってどんなときですか？

たとえば，Do you have some time today?（今日，時間がありますか？）は，相手がYes, I do.と答えることを期待しているときの質問だね。

somethingも同じですか？

そうだね。飲み物をすすめるときは，
Do you want something to drink?（何か飲み物が欲しい？）やWould you like something to eat?（何か食べ物はいかがですか？）のように言うよ。

Q.08

難易度 ★ ★　　なるほ度 ★ ★ ★

相手に頼むときのWill you 〜?とCan you 〜?はどう違うの?

willは「〜するつもりだ」の意味で「意志」を, canは「できる」の意味で「可能性」「都合」を表しているね。

A. Will you 〜?は相手の意志, Can you 〜?は相手の都合をたずねる時に使う。

どちらも「〜してくれますか」の意味で，相手に頼むときの表現だが，Will you 〜?は「〜する意志があるか」とたずねる意味合いが強い。一方，Can you 〜?は「〜できますか」という意味で，相手の都合を聞く意味合いが強い表現。

Can you help me?

どちらも，引き受けるときは，Sure, I will.（いいです，やりますよ。）や，Sure. / All right.（いいですよ。）などと応じるよ。

あわせて確認！ ［Ｗｉｌｌ　ｙｏｕ　〜?とＣａｎ　ｙｏｕ　〜?の違い］

命令文のあとに，will you?がつくことがあると聞きました。

Be quiet, will you? は「静かにしてくれませんか」みたいな例だね。本当は「静かにしろよ」と，お願いの圧力が強い意味合いの文だよ。

こわいですね……。間違えて言わないように気をつけなきゃ……。

それに対して，Can you 〜? は，「〜できますか」という意味で，親しい人に対して「〜できる?」「〜してくれる?」と気軽に頼むときに使うよ。でも，Can't you 〜?と言うと，「〜できないの?」という意味合いで，少しいらいらした感じが出るので注意が必要だね。

Q.09

難易度 ★★　　なるほ度 ★★★

Could you ～?は,
過去形なのに意味が
現在なのはなぜ?

Could you ～?は「～していただけますか」とい
う意味で, ていねいに依頼するときの表現だね。

[ていねいな表現]

A. 「手伝ってくれたらなぁ」の「た」に過去の意味がないのと同じだから。

Could you ～?は過去の意味ではなく，現在のていねいな依頼表現。日本語でも「お金があったらいいのに」のように，過去形を使うことで現実と違うことを表す言い方がある。英語でも過去形を使い，現実との距離を置くことで，ていねいな依頼の表現になる。

> wouldはwillの過去形だけど，Would you ～?は「～していただけますか」のような現在のていねいな依頼の意味になるんだね。

あわせて確認！ [May I ～?とCan I ～?の違い]

ほかにも，ていねいな表現がありますか？

「～してもいいですか」と相手に許可を求める表現はCan I ～?とMay I ～?があるけど，May I ～?のほうがていねいだね。フォーマルな場面では，May I ～?を使うといいよ。

たしかに店員がお客さんにMay I ～?と言っていますね。

そうだね。また，May I help you?では堅苦しいと思って，Can I help you?と親しげに話してくる店員もいるよ。
店員にこのように聞かれたら，Yes, please.（ええ，お願いします。）や，Just looking, thanks.（（商品を）見ているだけです。ありがとう。）のように答えるよ。

094

Q.10

難易度 ★ ★ なるほ度 ★ ★

mustとhave toは
否定文だと異なる意味に
なるのはなぜ？

must notは「〜してはいけない」の意味で「禁止」を, don't have toは「〜する必要はない」の意味で「不必要」を表すね。

A. mustは義務を表し，have toは必要を表すから。

mustとhave toはどちらも「〜しなければならない」の意味だが，mustは「義務」を表し，have toは「必要」を表している。その否定形のmust notはnot以下を「義務」とするから「〜しない義務がある」→「〜してはいけない」の意味で，mustの義務の意味は変わらない。一方，don't have toはnotで「必要」を否定して，「〜する必要はない」という意味を表す。

> mustは「義務」，must notは「強い禁止」を表し，have toは「必要」，don't have toは「不必要」を表すということだね。

あわせて確認！ ［「禁止」などを表す表現の違い］

ほかにもいろいろなレベルの禁止の表現があるよ。

Don't 〜.は否定の命令文ですよね。

うん。命令文の前にDon'tをつければ，「〜してはいけない」という意味になったね。「許可」を表すmayやcanを否定したmay notやcannotも禁止を表すよ。ほかに，had better（〜すべきだ）の否定形の，had better notは「〜するべきではない」という意味。警告やおどしの意味を含むこともあるので，使い方に注意が必要だよ。should notも「〜するべきではない」「〜しないほうがよい」という意味で，相手に助言するときの少し強い言い方だね。

たくさん言い方があるんですね！

〈「禁止」などを表すさまざまな表現〉

must not
（〜してはいけない）

Don't 〜.
（〜してはいけない）

may not
（〜してはいけない）

cannot
（〜してはいけない）

had better not
（〜するべきではない）

should not
（〜しないほうがよい）

don't have to
（〜する必要がない）

Q.11

難易度 ★★　　なるほ度 ★★

There is the book on the desk. と言わないのはなぜ？

すでに知っている情報（旧情報）か，新しい情報（新情報）かに注目だね。

A. There is［are］ ～．は相手に新情報を知らせるための表現だから。

There is［are］ ～．は「～がある／いる」という意味で，相手にとって新しい情報となるものを知らせるための文である。そのため，相手もすでに知っているthe book（その本）を使ってThere is the book on the desk.とは言わない。

○There is a book on the desk.
　　　　　（新情報）
×There is the book on the desk.
　　　　　（旧情報）
　＝○The book is on the desk.

続く名詞が単数ならThere is ～．で，
複数ならThere are ～．を使うよ。

あわせて確認！ ［「～がある」の言い方］

There is［are］ ～．の「～」には新情報がきて，There is［are］ が「これからあなたの知らないものが『ある』ということを言いますよ」という合図のような役割をしているんですね。

そう！　説明がうまいね。だから，There is［are］のあとには，the がついた名詞は原則としてこないよ。

じゃあ，「その本」や「私の本」が「～にある」と言うときは，どう表せばいいのですか？

「その本」はもうすでに話題になっているはずだから，Itで受けてIt's on the desk.が普通だよ。the bookを使うなら，The book is on the desk.（その本は机の上にあります。）のように，「旧情報」のthe bookを主語にして英文を作ることもできるね。「私の本は机の上にあります」はMy book is on the desk.となるね。

Q.12

難易度 ★ ★ 　 なるほど度 ★ ★ ★

「もし明日雨だったら，…」を，

If it <u>will rain</u> tomorrow, ...

としないのはなぜ？

「もし明日雨なら，私は家にいます。」は，If it rains tomorrow, I will stay home.と言うよね。

A. 条件を表すIf 〜の文では，未来のことも現在形で表すから。

「もし〜ならば」の「〜」が未来のことを表すとき，英語では，If it rains tomorrow, I'll stay home.（もし明日雨なら，私は家にいます。）のように現在形を使うことがルールとされている。昔の英語では，If it rain（←動詞の原形）tomorrow,のように仮定法で表されていた。

when 〜（〜するとき）やuntil 〜（〜するまで）などの「時」を表す副詞節の中でも，未来のことは現在形で表すね。

あわせて確認！［If 〜でwillを使うとき］

じゃあ，If 〜の中では，willは使えないんですね。

それは違うよ。

ううん，難しいですね。

If 〜の中でも，「〜するつもり」とか「どうしても〜する」などの，主語の意志を表す場合はwillを使うことがある。たとえば，If you will wait here a moment, I'll go and get a chair.（少しの間，あなたがここで待つつもりならば，私は椅子を取りに行ってきます。）のようになるね。

なるほど。If 〜の中では，willは「未来」の意味では使えないけど，「意志」の意味では使えるんですね。

【 than me と than I am の ナ ゾ 】

Q. 13

難易度 ★ ★   なるほ度 ★ ★

He is taller than me. と
He is taller than I am.
は同じ意味？

意味の違いがあるのかな。

A. than meはくだけた表現で，than I amは正確で堅い印象の表現。

than meのように，thanのあとに人称代名詞が続く場合は，him，her，them，us，youなど（目的格）が入る。この〈than+目的格〉の形は日常的な会話などのくだけた場面で使われる。これに対して，than I amのように，thanのあとに文（主語+動詞）が続く形は文法的に正確で堅い印象の表現。こちらもよく使われる。

> 「彼女は彼より背が高い」なら，She is taller than him.や She is taller than he is.になるんだね。

あわせて確認！ ［thanのあとに名詞も続く］

thanのあとには代名詞や文が入るんですね。

そうだよ。thanのあとには名詞も入るね。次の文を見てみよう。I love you more than Ken.この文の意味はわかるかな？

うーん。「私はケンよりもあなたが好き。」

そうだね。それって「私が好きなのは，ケンよりもあなたのこと」ということかな，それとも「ケンよりも私のほうが，あなたのことが好き」なのかな？

うーーん。どっちだろう。

どちらかわかりづらいね。そこで，次のように比較の対象を強く発音すると相手に伝わるよ。
I love yóu more than Kén.（←ケンも好きだけど，あなたのことがもっと好き。）／I love you more than Kén.（←ケンよりも私のほうが，あなたのことが好き。）

なるほど。

Q. 14

難易度 ★ ★　　なるほ度 ★ ★ ★

比較級で-erとmore ～のどちらの形にするかは決まっている？

短い単語は，語尾に-erをつけて，比較的長い単語は，前にmoreをつけるというのが原則だよ。

tallは
tall
taller
tallest

beautifulは
beautiful
more beautiful
most beautiful

[-er, moreの使い分け]

A. 単語の音節の数によって，どちらを使うかがだいたい決まっている。

音節とは，母音を中心とした音を区切る単位のこと。この数によって，比較級・最上級を-er・-estにするか，more 〜・most 〜にするかが決まってくる。

(1) 1音節の語，-yで終わる2音節の語には-erや-estを語尾につける。

  (例) tall（1音節）- taller - tallest
      easy（2音節）- easier - easiest

(2) さらに長い語の前には，moreやmostを置く。

  (例) beautiful - more beautiful - most beautiful

> 覚えるのが大変だから，すべてmore，mostをつけるということにしてくれたらいいのにね。

あわせて確認！ [moreとmost]

beautifulなどの形容詞の前ではなく，名詞の前にmoreやmostがくることもありますよね。

それはmanyやmuchの比較級，最上級だね。「私は兄よりたくさんの本を持っています」と言うとき，many booksが比較級のmore booksになって，I have more books than my brother.となるね。またmostは「ほとんどの」という意味で使われることが多いね。most students in this classは「このクラスのほとんどの生徒」という意味だよ。

ほかにもmoreの使い方はありますか？

「もっと多くのこと［もの］」という意味で，ものをすすめるときにWould you like some more?（もう少しいかがですか?）やTell me more about your school.（あなたの学校についてもっと話してよ。）のように言うよ。

Q.15

難易度 ★ ★　　なるほど度 ★ ★

He is the tallest in our class.のように, 最上級にtheがつくのはなぜ?

3つ [3人] 以上を比べて,「…の中でいちばん〜」は〈the＋最上級 (＋名詞) ＋in[of] …〉の形で表すね。

A. 「背の高い人」は特定できないが，「いちばん背の高い人」は特定できるため。

theは，相手にもはっきりわかるものを表す名詞の前や，1つしかないものなどの特定できるものを表す名詞の前につける。「いちばん背が高い人」は特定できるため，最上級の文ではtallestの前にtheをつける。同様に，「何番目」という表現も特定できるため，序数の前にtheをつける。

 「〜の中で」は，〈of＋複数を表す語句〉か〈in＋場所や範囲を表す語句〉で表すことが多いよ。

あわせて確認！ ［副詞の最上級の場合］

 I like summer best.のように，最上級の前にtheがついていない文を見たことがあります。

 副詞の最上級にはtheをつけなくてもいいんだ。「〜がいちばん好き」は，like 〜 the bestとlike 〜 bestのどちらでも言えるよ。だから，「私は四季の中で夏がいちばん好きです。」は，I like summer the best of the four seasons. とも，theをつけないで，I like summer best of the four seasons.とも言うことができるね。

 「いちばん速く走る」もtheをつけないことがあるのですか？

 He runs fastest in this class.（彼はこのクラスでいちばん速く走る。）のように，theをつけなくても言えるよ。もちろん，He runs the fastest in this class.もOKだ。同じような内容のことは形容詞を使ってHe is the fastest runner in this class.のように言うこともできるけど，この文ではtheが必要だね。

Q. 16　難易度 ★　　なるほ度 ★ ★

Japanese old manではなく, old Japanese manと言うのはなぜ?

Japanese manは「日本人の男性」, old manは「年配の男性」という意味だね。

形容詞の順番が決まっているから。

名詞を修飾する語を並べるとき，どんな順番になるかがだいたい決まっている。
下の(1)→(8)の順で名詞を修飾する。

(1) 冠詞 (a, anやthe) と代名詞などの所有格 (myなど)
(2) 序数 (firstなど)
(3) 数量 (threeなど)
(4) 性状 (prettyなど)
(5) 大小 (bigなど)
(6) 新旧 (old, newなど)
(7) 色 (red, blueなど)
(8) 材料・所属 (wooden, Japaneseなど)

> 冠詞や代名詞などの所有格は，2つ以上重ねることができない
> んだったね。

あわせて確認！ ［修飾する形容詞の順序］

順序を覚えるのが大変そうですね。

そうだね。少しずつ覚えていけばいいよ。たとえば「3つの大きな新しい赤い机」は何
と言うかな？

three big new red desksですか？

正解。何か1つ具体的な例を覚えれば，大まかな順序がマスターできるよ。

Q.17

難易度 ★★　　なるほ度 ★★

I gave him a book. と I gave a book to him. の2つの言い方があるのはなぜ?

「彼」と「本」のどちらに焦点が当たるかな?

A. 何に焦点を当てるかによって，文の形が変わるため。

英語の文では，旧情報（すでにわかっている情報）から新情報（これから伝えようとする情報）へと情報が配置されることが多い。したがって，①I gave him a book.も，②I gave a book to him.も「私が彼に本をあげた」という伝える事実は変わらないが，基本的に後ろに新情報がきて，そこに焦点が当たるので，①ではa bookが，②ではto himが強調されることになる。

giveだけでなく，tellやshowなどの文でも同じで，語順によって伝わるニュアンスが微妙に違ってくるんだね。

あ わ せ て 確 認 ！ ［ 焦 点 が 合 っ た 答 え 方 ］

どんな時に強調する必要がありますか？

たとえば，What did you give him?（あなたは彼に何をあげましたか？）という質問には，I gave him a book.（彼に本をあげました。）の答え方が正解だね。I gave a book to him.（本を彼にあげました。）ではto himが強調されるので，適切ではないな。
また，Who did you give a book to?（あなたはだれに本をあげましたか？）の質問なら，I gave Ken a book.（ケンに本をあげました。）の答えより，I gave it to Ken.（それをケンにあげました。）という答えが適切だね。

どちらかを強調して答えるんですね。

そうだね。showやtellの文でも同じだよ。He showed me a picture.（彼は私に写真を見せました。）ならa pictureが強調して伝えたい内容だね。「私に」を強調したいなら，He showed a picture to me.となるよ。

Q. 18

難易度 ★　　　なるほど度 ★ ★

I have no friend.
とはふつう言わない
のはなぜ？

「私には友達がいません」は, friendを複数形にして, I have no friends.というのがふつうだね。

**複数あるのがふつうのときは，
noのあとでも複数形にするから。**

「友達」と言うと，1人ではなくふつうは複
数を思い浮かべる。だから，英語では，I
have no friend.ではなく，複数形friends
を使って，I have no friends.と言うこと
が多い。

 I have no money with me.（私はお金をいま持っていない。）
のように数えられない名詞にもnoは付くね。

あわせて確認！ ［I have no friend. と I have no friends. の違い］

 I have no friend.は間違いなのですか?

 いいや，間違いではないよ。話す本人が1人しか思い浮かべていないときは，I
have no friend.と言えるよ。ほかに，「私には妻がいません」と言うときは，一夫
多妻制の国でなかったら，ふつう妻は1人だから，I have no wife.と言うんだ。

 There is[are] ～.の文でも同じですか?

 そうだね。「この町に図書館はありません。」と言うとき，どんな町での話かにも
よるけど，図書館は複数あることがふつうだと思えば，There are no
libraries in this town.と言うね。でも，「このあたりに市役所はありません。」
なら，市役所はふつう1つだろうから，There is no city hall in this area.と
なるね。

 ふつう1つと思っているか，複数と思っているかによるのですね。

112

Q. 19

難易度 ★ ★ ★　なるほ度 ★ ★

When 〜?（いつ〜か）の文で現在完了形が使えないのはなぜ？

When 〜?（いつ〜か）は，現在・過去・未来の時の一時点をたずねるときに使う疑問詞だね。

過去　　　　　　　　　　現在

現在完了

A. 現在完了形は過去のことが現在に影響していることを伝える文だから。

When 〜?は過去・現在・未来の時の一時点をたずねる疑問文。現在完了形は一時点についてではなく，あくまで現在の文で，過去に始まったことや過去に起こったことが現在に影響を及ぼしていることを表す。「〜し終わった」（完了・結果），「〜したことがある」（経験），「（ずっと）〜している」（継続）などの意味になるため，一時点のことを表すWhen 〜?といっしょには使わない。

現在完了形は，How long（どれくらい長く）やHow many times（何回）などといっしょに使うよ。

あわせて確認！ ［過去形と現在完了形の使い分け］

「いつ宿題をしたの?」は，過去形で表すということですね。

その通り。When did you do your homework?だね。「（ふだんは）いつ宿題をするの?」なら，現在形で，When do you do your homework?だね。

「試合が始まった」は，過去形にするのですか? それとも現在完了形ですか?

昨日の話など，過去のことなら過去形で，The game began.だね。それに対して，今，目の前で起こっていることなら，現在完了形を使って，The game has begun.だね。

「この家に住んでいます」はどのように言いますか?

現在のことなので現在形で，I live in this house.だね。でも，「10年間」などがつくと，現在完了形を使って，I have lived in this house for ten years.とするよ。

Q.20

難易度 ★ ★ ★ なるほ度 ★ ★

現在完了形の文で agoが使えないのは なぜ？

agoは，「（今から）～前」という意味だね。

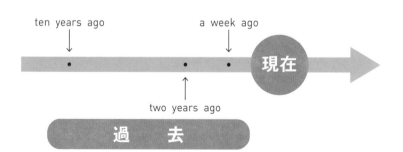

ten years ago　　　　a week ago
↓　　　　　　　　　↓
・　　　・　　・　　現在 ⟶
↑
two years ago

過　去

A.

agoは過去を表す言葉で，
過去形といっしょに使う語だから。

agoは「（今から）〜前に」という意味で，a week ago（1週間前に）のように時の一時点を表す語句として使う。また，〜 agoは過去を表す語句であるため過去形の文で使う。一方，現在完了形は，過去に始まったことや過去に起こったことが現在に影響を及ぼしていることを表す現在の文であるため，過去の一時点について言う際に使われるagoを現在完了形の文では使わない。

agoは単独では使えないので，I visited Kyoto ago.とは言えないよ。必ず，時の長さを表す語句といっしょに使おう。

あわせて確認！ ［過去形を表す語と現在完了形の関係］

agoは過去を表す言葉だから，過去のその時のことだけを表すということですね。

そうだね。たとえば，「私は1週間前に京都を訪れた」は，1週間前の過去のことだね。だから，I visited Kyoto a week ago.と過去形を使って表すよ。「以前に」という意味のbeforeは，I have visited Kyoto before.（私は以前，京都を訪れたことがある。）のように現在完了形の文で単独で使われるよ。この現在完了形の文は現在までの経験を表す文だね。

ほかにも過去形と現在完了形の違いを表す文はありますか？

たとえばI lived in Kyoto ten years ago.（私は10年前に京都に住んでいました。）は，10年前のことで，今は京都に住んでいるとは思えないね。でも，I have lived in Kyoto for ten years.（私は10年間京都に住んでいます。）は，今も京都に住んでいることになるよ。

Q1. 一般の人々のことも youで表せるって ホント？

A1. 英語の授業では, 相手のことをyouで表すと習いますが, それ以外にも重要な使い方があります。それは相手も自分も含めた一般の人々を表すときに使うyouです。「人はだれでも」のような意味になりますが, ふつうは日本語に訳しません。weも似た意味で使われます。

「学校では, たくさんのことが学べます。」
→ At school, <u>you</u> can learn many things.

「お年寄りには親切にしなければなりません。」
→ <u>We</u> must be kind to old people.

もっとくわしく!

 youやwe以外に主語はどんなものを使いますか?

 自分も話し相手もオーストラリア人でない場合,「オーストラリアでは英語を話します」と言うときは, theyを使って, They speak English in Australia.と言うよ。

 自分も相手も含まないときはtheyを使うんですね。

I play tennis.
主語(S) 動詞(V) 目的語(O)

主語の後ろはすぐ動詞?

Q2. 英語と日本語では,
「動詞」や「目的語」などの
語順が違うよ。
なんでだろう?

A2.

それぞれの言語の特徴としか言えません。ただし, 主語(S)の位置については, 世界の多くの言語で目的語(O)の前に置かれる傾向があります。動詞(V)の位置については, SOV(日本語の語順)がいちばん多く, 次がSVO(英語の語順)で, この2つで大多数を占めます。

[英語] I play tennis.
主語(S) 動詞(V) 目的語(O)

[日本語] 私は テニスを します。
主語(S) 目的語(O) 動詞(V)

もっとくわしく!

日本語では,「テニスを私はします」のように目的語を前に出してもいいですよね。

そうだね。その場合は「〜は」や「〜を」という助詞があるから, それぞれ主語か目的語かがわかるね。英語も, 昔は主語か目的語かなどによって名詞などの形が変わっていたけれども, 今はそうではなくなっているね。

なるほど。だから英語は語順が大切なんですね。

〈進行形にしない動詞〉
・心理状態を表すもの
know ～を知っている
like / love ～が好きである
want ～を望んでいる など

i'm lovin' itって
間違いなのかな。

Q3. loveは進行形にしない動詞だから，i'm lovin' itって間違いじゃないの？

A3. love（愛している）などの状態を表す動詞は進行形にしないのが原則ですが，「大好きだ」という意味で，臨場感を伝える効果をねらって，感情的・強調的表現として進行形が使われることがあります。lovingの短縮形（lovin'）や，Iが小文字のiになっているカジュアルなつづりもそうした印象を強めています。

正しい一般的な英文
I love it.

「大好きだよ」という強調表現
i'm **lovin'** it
↑iが小文字，lovin'はlovingの短縮形

もっとくわしく！

 knowやliveなど状態を表す動詞はふつう，進行形になりませんよね。

 基本的にはそうだね。ただ，liveはたとえば「一時的に住んでいる」ということを表すときに，My brother is living in Tokyo to go to college.（兄は大学に行くために東京に住んでいます。）と進行形で表すことがあるよ。

 なるほど！ 例外もあるのですね。

× He <u>cans</u> speak English.
○ He <u>can</u> speak English.

Q4. He <u>cans</u> speak English.
と言わないのは
なぜ?

123

A4.

canは助動詞で, 主語が3人称・単数でも-sはつきません。また, mustやmayも同じように-sがついた形はありません。昔はcanは過去の意味を表すものでした。次第に, 現在を表す意味に変わりましたが, もともと過去形であったため, 3人称・単数・現在(3単現)の-sにあたる語尾がついていませんでした。その名残で, 主語が3人称・単数になっても, canには-sがつきません。

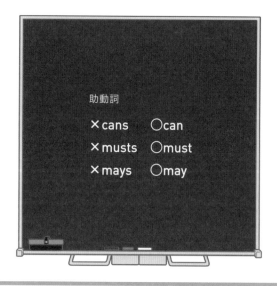

助動詞

×cans ○can

×musts ○must

×mays ○may

もっとくわしく!

主語が3人称・単数 (he, she, Kenなど) のときに, 動詞に-sがつくのはなぜですか?

昔の英語では, 1人称と2人称の主語のときも動詞に何らかの語尾がついていたんだけど, それらは次第に消えていったんだ。そして3単現の-sだけが現在まで残ったんだよ。

Q.01

難易度 ★　　なるほど度 ★★★

「すみません」が I'm sorry. だけではないのはなぜ？

日本語で「すみません」はどんなときに使う？
そして，それはどういう意味を表している？

A. 日本語の「すみません」は，謝罪，頼みごと，感謝などを表すから。

日本語の「すみません」は，主に次の3つの場面で使われる。

①相手に失礼なことをして謝るとき
　［英語］　I'm sorry.（ごめんなさい。）
②頼みごとをするとき
　［英語］　Excuse me.（失礼ですが。）
③感謝を表すとき
　［英語］　Thank you.（ありがとうございます。）

英語では，それぞれの場面に応じて，上の3つの表現を使い分ける必要がある。

「すみません」＝I'm sorry.と丸暗記していてはいけないんだね。どんな意味やどんな場面かをよく考えて，英語にしようね。

あわせて確認！ ［「結構です」「どうぞ」の表現］

「すみません」のような表現がほかにもありそうですね。

そうだね。たとえば，日本語の「結構です」がその1つだね。ものをすすめられて，「いいえ，結構です」と断るときは，No, thank you.だね。でも，「それで大丈夫です」と承知するときは，That'll be fine.やSounds good.などと言うよ。では次に，「どうぞ」は英語で何て言うか知っているかな？

Here you are.ですか？

それは，物を渡すときの「どうぞ」だね。人に順番を譲るときの「（お先に）どうぞ」はGo ahead.やAfter you.と言うよ。

なるほど。おもしろいです。

Q.02

難易度 ★　　　なるほど度 ★★★

英語には
敬語がないって
ホント？

日本語の「敬語」には，大きく分けて尊敬
語，謙譲語，ていねい語の3つの種類がある
ね。

A. 英語には敬語はないが，場面や相手との関係を考えた「ていねいな表現」がある。

英語には，「食べる」を表す言葉に，相手を敬って使う尊敬語の「召し上がる」や，自分をへりくだる謙譲語の「いただく」のような表現はない。しかし，時や場所，さらに相手との関係を考えた「ていねいな単語や表現」はある。特に，人に頼むときや許可を求める場面では，ていねいな表現がよく使われる。

> 命令文はpleaseをつけても命令文だけど，Can you 〜?やCould you 〜?を使うと依頼する言い方になるね。

あわせて確認！ ［ていねいな英語表現］

ていねいな表現は英語でも日本語でも同じだよ。

どういう意味でしょうか？

日本語でも，知らない人に「市役所はどこですか」といきなりたずねるより，「すみませんが，市役所がどこにあるか教えていただけますか」とたずねた方がていねいだよね。英語も同じなんだよ。

would likeがwantのていねいな言い方と習いました。

その通りだね。I want some water. （お水が欲しい。）は単刀直入すぎるので，I'd like some water.やCan I have some water?の方がていねいな言い方になるね。同じように，「〜したい」と言いたいときは，want toよりもwould like toの方がていねいな言い方になるね。

なるほど。

Q.03

難易度 ★　　　なるほど度 ★ ★ ★

「誕生日おめでとう」を，Congratulations!と言わないのはなぜ？

「誕生日おめでとう」は，Happy birthday!って言うよね。Congratulations!はどんなときに使うのかな。

A. Congratulations!は，努力の結果の成功や幸運に対して人に贈る言葉だから。

Congratulations!（おめでとう!）は，一般的に，入学，卒業，就職，結婚など，人が努力して成功したときや幸運を勝ち取ったときなどに贈る言葉。それに対して，誕生日は本人が努力をしなくても毎年やってくるものなので，Congratulations!は使わずにHappy birthday!（誕生日おめでとう。）のように，happyを使う。

Congratulations!のsを忘れないでね。Congratulations!には，Thank you.（ありがとう。）などと応じるよ。

あわせて確認！ ［「おめでとう」のいろいろ］

友達の誕生日では，Happy birthday! や Happy birthday to you! をよく使いますね。

そうだね。happyを使う別の表現には，Happy New Year!（明けましておめでとう。）やHappy Valentine's Day!（バレンタインおめでとう。）などの言い方があるね。そうそう，クリスマスは，Happy Christmas! や Merry Christmas! と言うね。

Happy birthday!って言われたら，何て返事をすればいいんですか？

Thank you.でいいんだよ。でも，Happy New Year! や Merry Christmas! のときには，Happy New Year（to you, too）! や Merry Christmas（to you, too）! のように同じ表現をくり返したり，Same to you.（あなたもね。）などと言ったりするよ。

Q. 04

難易度 ★   なるほ度 ★ ★ ★

「トイレに行く」を go to the bathroom と言うのはなぜ？

bathroomってどんなところかな？

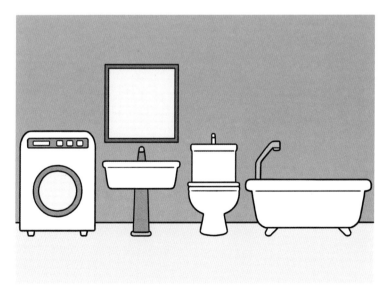

A. bathroomは「トイレ」がある部屋のことを指すから。

アメリカでは，一般的に家でトイレ（toilet）がある部屋のことをbathroomと言う。toiletは「便器」のことを指し，表現が直接的すぎてしまう。そのため，「トイレに行く」は，その部屋を表すbathroomという単語を使って，go to the bathroomと言うことが多い。駅やデパートなどの「トイレ」は，restroomやmen's room（男性用），ladies' room（女性用）と言う。

イギリス英語だと，トイレのある部屋自体もtoiletと言うんだよ。国によって違いがあるね。

あわせて確認！　[「借りる」ときのuseとborrowの違い]

アメリカなどの家庭で，トイレを借りたいときは何と言えばいいですか？

「トイレを借りる」と言うとき，動詞borrowは使わないよ。borrowは，持ち運びできるものを無料で借りるときに使うんだ。トイレなど備え付けてあって持ち運びのできないものを借りるときは，useを使うよ。だから，May I use the bathroom?（トイレを使ってもいいですか。）と言うよ。

では，お風呂に入るために，bathroomを使うときはどう言えばいいですか？

「お風呂に入る」ときは，bathroomという単語は使わずに，take a bathやhave a bath（風呂に入る）と言うね。「シャワーを使う」なら，take a showerやhave a shower（シャワーを浴びる）と言うよ。

Q.05

難易度 ★   なるほど度 ★★★

How are you? には、I'm fine, thank you. と答えることが多いのはなぜ？

How are you? は「調子はどうですか」という意味だね。どういう場面で使われるかな？

A. How are you?─I'm fine, thank you. はあいさつの決まり文句だから。

How are you? は，場面によっては相手の気持ちや体調をたずねることもあるが，ふだんは「元気ですか」というあいさつで使う。だから，実際の気持ちや体調などに関係なく，I'm fine, thank you. And you?（元気だよ，ありがとう。あなたは?）やI'm good, thank you.（元気だよ，ありがとう。）などと答えることが多い。

> I'm fine, thank you.

大阪商人が，「もうかりまっか?」というあいさつに「ぼちぼちでんな」と決まり文句を言うのと同じだね。(え? そんな人はもうおらへん?)

あわせて確認！ ［あいさつのいろいろ］

ほかには，どんなあいさつの例がありますか?

How are you doing? / How's everything? / How are things? / What's up? などがよく使われるよ。

そのときはどう答えればいいんですか?

Good, thanks.（元気だよ，ありがとう。）/ Not so[too] bad, thanks.（悪くはないね，ありがとう。）/ All right.（大丈夫だよ。）などと答えるね。
あいさつではなく，相手の体調をたずねるときは，How are you? や What's up? のあとに，You look tired.（疲れているように見えるよ。）など，相手の状況に合わせた言葉を加えるといいよ。

そのときは，自分の体調を答えればいいんですね。

そうだよ。

Q.06

難易度 ★　　　なるほ度 ★ ★ ★

「頑張れ！」を Fight!と 言わないのはなぜ？

励ましたり，元気づけたりするとき「頑張れ！」の意味で，「ファイト！」って言うよね。英語では言わないのかな？

A. fightは「格闘する」という意味で，けんかをするときに使う語だから。

fightは「（敵）と格闘する」「けんかをする」という意味で，ボクシングなどの格闘技で試合を始めるときに，Fight!と声をかけることがある。しかし，スポーツの応援や人を励まして「頑張れ！」と言うときは，敵と殴り合いの格闘をするわけではないため，fightという語は使わない。

競技場などでは，Come on や Go などのあとにチーム名や個人名を叫ぶ応援をよく聞くよね。

あわせて確認！ ［「頑張れ！」のいろいろ］

「頑張れ！」は，場面によっていろいろな言い方があるんだよ。

たとえば，どんなものがありますか？

落ち込んでいる人に「元気を出して！」なら，Cheer up! かな。

今，頑張っている人には，何と言ったらよいですか？

「その調子でいけ！」という意味で，Keep it up! や Keep trying! だね。「あきらめるな！」と伝えるときは，Don't give up! や Hang in there! などを使うね。

じゃあ，不安そうな人にはどう言いますか？

Don't worry.（心配しないで。）や You can do it.（きみならできるよ。）だね。ほかにも，「頑張ってね」と軽く言うときは，Take it easy.（気楽に行こう。）や Good luck!（うまく行きますように。）などがいいね。

Q. 07 難易度 ★ ★   なるほ度 ★

日本語の「はい / いいえ」と英語の"Yes / No"って同じじゃないの?

日本語だと,「忙しくないの?」って聞かれたら「うん。忙しくないよ」って答えるよね。

Aren't you busy?

Yes, I am not busy.

What?

A. 英語では質問の仕方に関係なく, 答えの内容が肯定ならYes, 否定ならNoを使う。

英語では, 質問の仕方に関係なく, 答えの内容が肯定ならYes, 答えの内容が否定ならNoと答える。つまり, Are you busy?（忙しいですか。）という疑問文にも, Aren't you busy?（忙しくないのですか。）という否定の疑問文にも, 「忙しい」と答えるときは, Yes. / Yes, I am.と, 「忙しくない」なら, No. / No, I'm not.と言う。

> 日本語の答えの「はい」「いいえ」は, 相手の質問の内容に対して, 「その通りです」「違います」と答えているんだね。

あわせて確認！ [Don't ～? や Can't ～? の疑問文への答え方]

Don't ～?やCan't ～?の疑問文でも同じですか?

そうだね。Don't you like chocolate?（チョコレートが好きじゃないの?）に対する答えが, No, I don't.なら「はい, 好きではありません」の意味だし, Yes, I do.なら「いいえ, 好きです」という意味だね。日本語の「はい」と「いいえ」が, 英語のYes / No と反対になっているね。

じゃあ, Can't you swim?（泳げないの?）の質問にも同じように, 泳げないときは, No, I can't.（はい, 泳げません。）, 泳げるなら, Yes, I can.（いいえ, 泳げます。）と答えればいいですね。

その通り。日本語の「はい」は, 相手の質問に「その通りです」と答える意味だから, Can't you swim?には, That's right. I can't swim.と答えれば, 日本語の「はい, 泳げません」になるね。

なるほど。おもしろいですね。

Q.08

難易度 ★　　　なるほ度 ★★

自己紹介をするとき
My name is 〜.と
I'm 〜.があるのはなぜ？

どちらも自己紹介をするときの会話表現だね。
小学校でも習ったよね。

【 My name is 〜.と I'm 〜.の違い 】

A. My name is 〜.はフォーマルな場面で，I'm 〜.は日常的によく使われるから。

My name is 〜.（私の名前は〜です。）は，授業などでみんなの前に出て発表するときの自己紹介や，仕事や面接の場面でする自己紹介など，少しフォーマルな場面で使われることが多い。一方，I'm 〜.（私は〜です。）は，日常生活の中で自己紹介をするときに使われることが多い。

My name is 〜.は古い表現で，今は使われないって聞いたことがあるけれど，そんなことはないんだね。使う場面が違うだけだね。

あわせて確認！ [相手の名前のたずね方]

相手の名前をたずねたいときはどう言えばいいですか？

ふつうは，Hi, I'm Aya. Nice to meet you.（こんにちは，私はアヤです。はじめまして。）のように，自分から名前を言ってあいさつすれば，相手もHi, I'm Mark. Nice to meet you, too.（やあ，マークです。こちらこそ，はじめまして。）などのように，自然と名前を言ってもらえるよね。

たしかにそうですね。

学校などで友達になろうとして気軽に話しかけるときは，自分の名前を言ったあとに，What's your name?（名前は何というの？）ってたずねればいいね。でも，これはあくまでも友達などとの会話の場合だから，目上の人の名前をたずねるときなどは，May I have your name?（お名前を伺ってもいいですか？）のように，ていねいな表現を使おう。

142

Q.09

難易度 ★　　　なるほど度 ★★★

英語で
「いただきます」って
何て言うの？

どの国でも，食事のときに「いただきます」や
「ごちそうさま」を言うのかな。

【 習慣の違い 】

A. 英語には「いただきます」に直接にあたる言葉はない。

欧米には食事のときに「いただきます」や「ごちそうさま」と言う習慣はないため，該当する言葉はない。あえて言えば，「いただきます」は，Let's eat.（食べましょう。），「ごちそうさま」は I'm full.（おなかがいっぱいです。）や I'm done.（終わりました。）などがある。Thank you for the delicious meal.（おいしい食事をありがとう。）のように，料理してくれた人に感謝を述べることもある。

英語にならない日本語があるんだね。

あわせて確認！ ［英語にできない日本語］

ほかに，英語にならない日本語はどんなものがありますか？

たとえば「お疲れさまです」という言葉も英語にしにくいね。帰る相手に向かって「また，明日」と言うのなら，See you tomorrow.などだし，「よくやったね」とほめるのであれば，You did a good job.だし，また，「ありがとう」と感謝をするなら，Thank you very much.だね。

意味を考えて，英語にしなければならないということですね。

そうだね。あとはノーベル平和賞をとったワンガリ・マータイさんが言った"Mottainai"も英語にはならないから日本語で言ったんだね。あえて英語にすれば，Don't waste.（無駄にしないで。）や It's wasteful.（無駄づかいをしている。）だね。

Q.10

難易度 ★★　　なるほ度 ★★★

欧米ではバレンタインデーにチョコ以外のものを贈るってホント？

日本ではバレンタインデーには**女性**が**男性**に
チョコレートを贈ることが多いよね。

A. 欧米では，一般的に男性が女性にカードや花束を贈ることが多い。

バレンタインデーの文化や習慣は国によって異なる。欧米では，一般的に男性が女性に，カードや花束などのプレゼントを贈ることが多い。家族や友人，先生などに贈ることもあるが，日本のように「チョコレート」を贈るという文化はない。

欧米には，バレンタインデーの1か月後の「ホワイトデー」もないよ。

あわせて確認！ [バレンタインデーに関わる英語]

バレンタイン・カードにはどんな英語を書いたらいいですか？

バレンタインデーに恋人や親しい人に贈るカードには，Happy Valentine's Day!（バレンタインデー，おめでとう。）や，I hope you enjoy your Valentine's Day!（バレンタインデーを楽しんでね。）などと書くよ。告白するときは，Be my Valentine!（私の恋人になってください！）や Will you be my Valentine?（私の恋人になってくれませんか。）などと書くんだ。

友達同士ならどんなことを書きますか？

You are my best friend!（あなたは私のいちばんの友人だ。）などと書けるとよいね。

なるほど。来年のバレンタインデーには，バレンタイン・カードを書いてみます！

Q.**11**

難易度 ★★   なるほ度 ★★★

アメリカ人は
プレゼントをもらったら
それをどうする？

日本人だと贈り物を受け取ったあと，包装紙もきれいに持ち帰る人が多いかも。

A. その場でラッピングを開けて，プレゼントを喜んでいるということを表す。

日本人だとプレゼントをそのまま持ち帰るか，プレゼントを開けるとしても包装紙をていねいに開けることが多い。これに対してアメリカ人は，もらった人の目の前で包装紙を気にせず破って開け，そのプレゼントを喜んでいることを率直に伝えることがよいと考える人が多い。

プレゼントを渡して，目の前で思いっきり喜んでもらえたら，嬉しいよね。

あわせて確認！ ［プレゼントを渡す／もらうときの応答］

プレゼントを渡すときは，どう言えばいいのですか？

This is for you.（これはあなたにです。）や，Here's a present for you.（どうぞ，あなたへのプレゼントです。）などと言うよ。somethingを使って，Here is a little something for you.（あなたへのささやかなものですが。）と言うこともできる。

プレゼントをもらったときは，Thank you.と言えばいいのですか？

そうだね。Thanks a lot.（どうもありがとう。）と言ったり，How nice of you!（あなたはなんて優しいのだろう！）とつけ加えたりすることもあるよ。そして，プレゼントをした人がPlease open it.（開けてみて。）と言うか，もらった人がCan I open it?（開けてもいい？）とたずねるよ。

プレゼントはその場で開けることが多いから，関連した表現もたくさんあるんですね。

Q.12

難易度 ★　　　なるほど度 ★ ★ ★

日本人と欧米の人でほめられたときの反応が違うのはなぜ？

日本人はつい「いえ，そんなことないですよ」などと言ってしまうよね。

You speak good English.

A. 欧米では一般的に，ほめられたとき謙遜（けんそん）することがいいとは考えられていないから。

欧米の人たちは，友人だけでなく，家族や
パートナーに対してもほめることが多い。
ほめられたときの反応も，日本人は謙遜す
ることが美徳だと考えているのに対して，欧
米の人はThanks for the compliment.（ほめ
てくれてありがとう。）などと言う。日本と欧米で
は謙遜に対する考え方や文化が異なる。

相手のいいところを見つけて，しっかりほめるように心がけた
いね。ほめられたら気分がいいものね。

あ わ せ て 確 認 ！ ［ ほめられたときの応答 ］

ほめるって，何をほめればいいのですか？

何でもいいんだよ。You speak good Japanese.（日本語が上手ですね。）や，I
like that bag. It's so cute.（そのかばんがいいですね。とってもかわいいです。）や
You look very nice.（すごくすてきですね。）など，気づいたことを口に出してほめ
ればいいんだよ。

ほめてもらえたときは，Thank you.と答えればいいのですか？

一言つけ加えてもよいね。Thank you.のあとに，I'm glad to hear that.（それ
を聞いてうれしい。）や，I'm flattered.（うれしいね。）などをつけ加えるよ。flatterは
「～にお世辞を言う」という意味だけど，be flatteredで「うれしく思う，光栄
に思う」という意味になるんだ。ほかに，衣服などをほめられたときは，Thanks.
You, too.（ありがとう。あなたもすてきですよ。）と言うこともできるね。

Q1. 年齢に関係なく
ファーストネームで
呼び合うのはなぜ？

A1.

英語圏では，年齢や男女などを問わずにファーストネームで呼び合うのが一般的です。それはみんな平等であるという考え方が基本にあり，ファーストネームで呼び合うことによって，お互いの距離を縮める働きをするからです。ただし，フォーマルな場面で初対面の人に対して話しかけるときや，学校の先生の名前を呼ぶときなどは，男性に対してはMr.〜，女性に対してはMs.〜と敬称をつけるのがマナーです。

もっとくわしく！

 そういえば，英語では「兄」も「弟」もbrotherですよね。

 よく気がついたね。「兄」も「弟」もbrotherで表すし，「姉」も「妹」もsisterで表すね。年上か年下かはあまり重要じゃないということだね。

 なるほど。文化の違いっておもしろいですね。

Q2. 英語では,
ネコの鳴き声を「ニャー」,
イヌの鳴き声を「ワンワン」
とは言わないの?

A2. 日本語と英語では動物の鳴き声の表し方が違います。ネコの鳴き声は，日本語では「ニャー」，英語では"meow(ミアウ)"と表し，イヌの鳴き声は，日本語では「ワンワン」，英語では"bowwow(バウワウ)"のように表します。このように言語によって，擬音語や擬態語(オノマトペ)は異なります。

[日本語]「メー」
[英語] baa(バー)
ヤギ

[日本語]「ヒヒーン」
[英語] neigh(ネイ)
ウマ

[日本語]「ブーブー」
[英語] oink(オインク)
ブタ

[日本語]「コケコッコー」
[英語] cock-a-doodle-doo
(カカドゥードゥルドゥー)
ニワトリ

もっとくわしく!

ほかにも似たような例はありますか?

たとえば，「バタン」という大きな音は，英語ではBang!(バング)って言葉で表すよ。でも，日本語にはあるけど英語にないオノマトペもあって，光っている様子を表す「ピカピカ」という言葉は英語にはないので，twinkle(トゥウィンクゥ)(ピカピカ光る)やshiny(シャイニ)(光っている)などの動詞や形容詞を使って，様子を表す言葉の代わりとして表現するんだ。

Q3. 日本の「お金」を表す
ジェスチャーが通じない
のはなぜ？

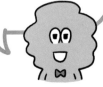

A3.

ジェスチャーは国や文化によって異なります。アメリカでは、「お金」を、親指、人差し指、中指をこすり合わせるジェスチャーで、表すのが一般的です。

また、投票のときなどに、日本では「正」の字を書いて表しますが、アメリカやイギリスなどではtally(marks)と呼ばれるものを使って数えます。

もっとくわしく！

 「私」を表すジェスチャーにも違いがあるんだよ。日本ではどうするかな。

 人差し指で自分の鼻を指しますね。

 欧米の人は「あれ？　鼻がかゆいのかな？」と思うかもね。彼らは、親指や手のひらを自分の胸に当てて「自分」を表すんだ。

 へえ。おもしろいですね。

Q4. 英語では数式をどう表すの？

英語では，足し算はplus，引き算はminus，掛け算は
times，割り算はdivided byを使って表します。

A 4.

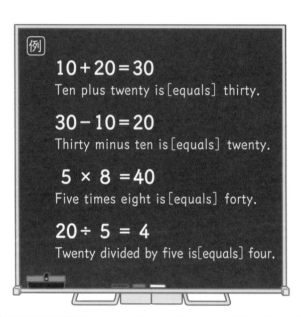

例

$10 + 20 = 30$

Ten plus twenty is[equals] thirty.

$30 - 10 = 20$

Thirty minus ten is[equals] twenty.

$5 \times 8 = 40$

Five times eight is[equals] forty.

$20 \div 5 = 4$

Twenty divided by five is[equals] four.

もっとくわしく！

英語で分数はどのように表すのですか？

そうだね。まず，$\frac{1}{2}$はa half，$\frac{1}{4}$はa quarter，$\frac{3}{4}$はthree quartersと言
う。そのほか，分母は序数で，分子は数字で表すよ。$\frac{1}{5}$ならone-fifthと言
うよ。分子が2以上の場合，たとえば$\frac{2}{5}$ならtwo-fifthsのように分母が複数
形になるよ。

編集協力	Joseph Tabolt, 小縣宏行, 川尻肇, 甲野藤文宏, 高井慶子, 脇田聡
英文校閲	Joseph Tabolt
キャラクターイラスト	オオノマサフミ
本文イラスト	オオノマサフミ, 小倉隆典
ブックデザイン	小口翔平＋大城ひかり(tobufune)
DTP	(株)明昌堂

データ管理コード : 20-1772-0257(CC2019)

わけがわかる中学英語